HOFFNUNG LEBEN

Evangelische Anstöße
zur Qualitätsentwicklung

Impressum

Bibliografische Information der Deutschen Nationalbibliothek
Die Deutsche Nationalbibliothek verzeichnet diese Publikation in der
Deutschen Nationalbibliografie; detaillierte bibliografische Daten
sind im Internet über http://dnb.d-nb.de abrufbar.

Vollständig überarbeitete Neuauflage
ISBN 978-3-86506-420-2
Veröffentlicht bei Joh. Brendow & Sohn Verlag GmbH, Moers
© 2013 by Rheinischer Verband Evangelischer Kindereinrichtungen für Kinder e.V.
Lenaustr. 41, 40470 Düsseldorf
Alle Rechte vorbehalten. Das Werk ist urheberrechtlich geschützt. Jede Verwertung
außerhalb der gesetzlich geregelten Frist muss vom Urheber schriftlich genehmigt
werden.
Layout, Satz und Umschlag: BrendowPrintMedien, Moers
Druck und Verarbeitung: BrendowPrintMedien, Moers
Printed in Germany

www.brendow-verlag.de
www.rheinischer-verband.de

Inhalt

Vorwort	7
Zu diesem Buch	8
Wie Sie mit diesem Buch arbeiten können	9

Bilblisch-theologische Grundorientierungen — 12

Bibel erzählt — 13

Erzählen von Gott — 16
    Biblisches
    Anregungen zum Gespräch
    Pädagogische Zuspitzungen

Erzählen vom Menschen — 23
    Biblisches
    Anregungen zum Gespräch
    Pädagogische Zuspitzungen

Erzählen vom Zusammenleben der Menschen — 29
    Biblisches
    Anregungen zum Gespräch
    Pädagogische Zuspitzungen

Erzählen vom Sinn des Lebens — 35
    Biblisches
    Anregungen zum Gespräch
    Pädagogische Zuspitzungen

Qualität entwickeln — 40

Fünf Ebenen – Vier Aspekte – Acht Grundmerkmale — 40
    Hinweise zu den Ebenen
    Hinweise zu den Aspekten
    Hinweise zu den Grundmerkmalen
    und leitenden pädagogischen Ansätzen

Qualitätsfragen		49
I	Ebene der Mädchen und Jungen	49
II	Ebene der Kooperation mit den Eltern	56
III	Ebene der Kollegialität unter den Mitarbeitenden	62
IV	Ebene der Träger	69
V	Ebene der Gesellschaft	76

Auf dem Weg zur Praxis 83

Grundlagen bedenken – Praxis entwickeln 83

Kunst und Kinderkultur 84
1. Zugänge
2. Die Kinder und der Kindergarten
3. Bezug zu den Grundmerkmalen
4. Konsequenzen
5. Indikatoren / Beispiele

Raum 88
1. Zugänge
2. Die Kinder und der Kindergarten
3. Bezug zu den Grundmerkmalen
4. Konsequenzen
5. Indikatoren / Beispiele

Zeit 93
1. Zugänge
2. Die Kinder und der Kindergarten
3. Bezug zu den Grundmerkmalen
4. Konsequenzen
5. Indikatoren / Beispiele

Beziehungen 97
1. Zugänge
2. Die Kinder und der Kindergarten
3. Bezug zu den Grundmerkmalen
4. Konsequenzen
5. Indikatoren / Beispiele

Körper und Sinne 101
1. Zugänge
2. Die Kinder und der Kindergarten

    3. Bezug zu den Grundmerkmalen
    4. Konsequenzen
    5. Indikatoren / Beispiele

Feste und Rituale   106

1. Zugänge
2. Die Kinder und der Kindergarten
3. Bezug zu den Grundmerkmalen
4. Konsequenzen
5. Indikatoren / Beispiele

Erzählen und Gesprächskultur   108

1. Zugänge
2. Die Kinder und der Kindergarten
3. Bezug zu den Grundmerkmalen
4. Konsequenzen
5. Indikatoren / Beispiele

Stille, Meditation, Gebet   112

1. Zugänge
2. Die Kinder und der Kindergarten
3. Bezug zu den Grundmerkmalen
4. Konsequenzen
5. Indikatoren / Beispiele

Verzeichnis der Autorinnen und Autoren   115

Literaturhinweise   118

Vorwort

"Die Aufgabe der Umgebung ist nicht, das Kind zu formen, sondern ihm zu erlauben, sich zu offenbaren."

Maria Montessori (1870- 1952)

„Gottes Spuren - Hoffnung leben"

Nach 10 Jahren war die wegweisende und bundesweit anerkannte Publikation „Hoffnung leben", Evangelische Anstöße zur Qualitätsentwicklung, vergriffen. In den vergangenen zwei Geschäftsjahren wurde intensiv an einer komplett überarbeiteten Neuauflage gearbeitet. Die ehemalige Redaktionsgruppe aus den Jahren 1999-2002 hatte sich personell erweitert und auch ein wenig verändert.

In der Zeit von der ersten Auflage bis zur jetzt vorliegenden, überarbeiteten zweiten Auflage, hat sich im ersten Bildungssektor des Elementarbereiches vieles verändert. Die Tageseinrichtungen für Kinder mit ihrem Bildungs-, Erziehungs-, und Betreuungsauftrag sind in den gesellschaftlichen Fokus bis hin in das Visier der Bildungsökonomie geraten. Die Diskrepanz zwischen öffentlichem Auftrag, der erforderlichen Qualität und den erschwerten Rahmenbedingungen wird für Träger von Tageseinrichtungen für Kinder zur Herausforderung und Chance.

In diesem Bereich liegt die Möglichkeit und Chance, unter Mithilfe der vorliegenden Veröffentlichung an den konkreten Veränderungen und Herausforderungen im Hinblick auch auf die neuen wichtigen Themen wie Inklusion, interreligiösem Dialog, nachhaltige Entwicklung bis hin zu dem neuen Evangelischen Gütesiegel BETA in pädagogischen Zuspitzungen zu arbeiten.

Das wesentliche Merkmal liegt aber darin, das evangelische Profil als Alleinstellungsmerkmal und durchaus als Marke „Evangelisch" zu beschreiben. Grundsätzliche theologische Aussagen gehen in unseren Kindertageseinrichtungen zusammen mit den pädagogischen Herausforderungen in den Leitbildern christlicher Erziehung. Der Alltag, die verschiedenen Lebensformen, Riten und Gebräuche, religiöse Sitten, Wahrnehmungen und Sinne prägen die Entwicklung eines Kindes. Kinder lernen in der Vergewisserung und Neugier im Zusammenleben und Umgang miteinander Respekt und Toleranz. Sie lernen sich zu verstehen, als Teil ihrer Mitwelt, der es mit Achtung und Nachsicht zu begegnen gilt.

Die Frage nach dem, was eine evangelische Tageseinrichtungen für Kinder ausmacht, was Kinder an Orientierungen zur Bewältigung ihres Lebens mitbekommen, hängt auch immer an den persönlichen Glaubenseinstellungen, den Wertevorstellungen und den geistigen Kraftquellen der handelnden Menschen ab.

Die Anstöße zur Qualitätsentwicklung in einem evangelischen Sinne werden über einen durchaus auch biografischen Arbeitsansatz geschaffen. Zum einen gibt es für alle beteiligten und handelnden Menschen in einer evangelischen Tageseinrichtung Qualitätsfragen, die auf die Haltung abzielen. Zum anderen beschreiben biblisch orientierte Grundmerkmale eine gelingende Zusammenarbeit und ein gelungenes Zusammenleben. Auf dem Weg zur praktischen Umsetzung des Konzeptes sind dort auch erprobte und bewährte Beispiele und konkrete Anregungen als Zugang zu finden.

Die aktuell vorliegende überarbeitete Version von Hoffnung leben kann dazu gute und gelingende Anregungen und einen wesentlichen Diskussionsbeitrag leisten sowie Orientierung schenken.

Jens Sannig
Vorsitzender, Rheinischer Verband Evangelischer Tageseinrichtungen für Kinder e.V.
Düsseldorf im November 2012

Zu diesem Buch

Wer auf Hoffnung bauen will, muss Rechenschaft ablegen können über das, was er und sie hofft. Das haben wir getan.

In den **Grundorientierungen** finden Sie unser evangelisches Verständnis von Gott, von Menschen und vom Zusammenleben der Menschen. Wir wünschen uns, dass Sie hier Inspiration finden, Worte entdecken, die Ihre eigenen Erfahrungen und Grundsätze ansprechen, die Sie vielleicht auch zum Widerspruch reizen. Die Grundorientierungen dienen der Vergewisserung über das, worauf wir hoffen.

Wer so auf Hoffnung baut, wird alle Ebenen seines Lebens daraufhin befragen, ob sie der Hoffnung Raum geben, ob sie Leben gelingen lassen oder ob sie eher hinderlich sind.

Darum haben wir **Qualitätsfragen** entwickelt, die die biblisch-theologischen Grundorientierungen aufnehmen und aktuelle pädagogische Ansätze berücksichtigen. Sie dienen dazu, auf allen Ebenen einer Einrichtung – von den Kindern über die Eltern bis in die Gesellschaft hinein – eigene Qualitätsmerkmale zu erkennen und zu definieren.

Weil es kaum Einrichtungen gibt, in denen alle Kinder und ihre Familien bewusst ihr Leben im christlichen Glauben gestalten, widmen sich die Qualitätsfragen unterschiedlichen Aspekten: Nämlich einmal im Blick auf eine allgemeine religiöse Grundhaltung, die sich bei allen Menschen findet, danach speziell in Hinsicht auf Christliches und Gemeindebezogenes und schließlich im Blick auf das Zusammenleben unterschiedlicher Religionen.

Aus all diesem ergibt sich ein buntes Muster wie in einem Kaleidoskop. Natürlich kann man von vorn bis hinten alle möglichen Kombinationen lesen und durchdenken. Gedacht ist dieser Teil aber eher als Materialkiste. Suchen Sie sich die Mosaiksteine aus den Themen und Qualitätsfragen aus, die Ihnen zurzeit besonders wichtig sind. Nehmen Sie diese Anregungen mit in Ihr Team, zum nächsten Elternabend oder in die Presbyteriums- bzw. Kirchenvorstandssitzung. Qualität, wie wir sie verstehen, lässt sich nur in einer Gemeinschaft entwickeln.

Was dort gemeinsam erarbeitet wird, soll dann auch im Alltag der Einrichtung sichtbar werden. Auch Hoffnung muss laufen lernen. Deshalb folgt in einem letzten Teil eine Fülle von Anregungen zu **Schritten auf dem Weg zur Praxis**.

Der Stil, in dem wir unsere Räume gestalten, sagt ebenso etwas über unsere Hoffnung und unsere Einstellung zum Leben aus, wie die Art, in der wir mit unserer Zeit (und der der anderen) umgehen oder wie und welche Geschichten wir erzählen. In diesen und weiteren Dimensionen wird religiöse Bildung und Erziehung konkret.

Hier wartet vieles Unbewusste darauf, ans Licht geholt zu werden. Wir möchten Sie mit diesem Teil auf eine Entdeckungsreise durch Ihre vertraute Einrichtung mitnehmen. Sie werden staunen, wie viel Freudiges und Überraschendes sich dort im Blick auf die unterschiedlichen Dimensionen verbirgt.

Wie Sie mit diesem Buch arbeiten können

Wenn Sie das Buch anschauen, werden Sie vielleicht zuerst einmal einen Schrecken bekommen. „Das soll alles gemacht werden?" „Wie sollen wir das nur alles schaffen!" Diese Befürchtung möchten wir Ihnen nehmen.

„Hoffnung Leben" ist ein Arbeitsbuch, das evangelische Anstöße zur Qualitätsentwicklung gibt. Diese Anstöße können sehr unterschiedlich aufgenommen werden. Das bedeutet sehr verschiedene Einstiegsmöglichkeiten **in** dieses Buch und vielfältige Umgangsmöglichkeiten **mit** diesem Buch. Es kann nicht darum gehen, den Inhalt dieses Buches „abzuarbeiten". „Hoffnung Leben" lädt zu einer Entdeckungsreise ein, die zuerst einmal deutlich werden lässt, was schon alles an Qualität vorhanden ist und dann fragt, was verstärkt und weiter entwickelt werden kann.

Es geht darum, sich von der konkreten Arbeitssituation, der konkreten Aufgabenstellung her zu entscheiden, welchen Einstieg Sie wählen.

Hier sind einige Möglichkeiten, wie sie in der Praxis erprobt wurden:

› Die Konzeption einer Kindertageseinrichtung soll überarbeitet werden. Das Team, das die Aufgabe der Konzeptionsentwicklung hat, entscheidet sich für die Abschnitte aus „Hoffnung Leben", die für ihre Konzeptionsentwicklung wichtig sind. Einstieg könnten z.B. die "Dimensionen religiöser Bildung" (S. 83) sein.

› Zur Unterstützung eines Qualitätsmanagementprozesses (siehe z.B. die Führungs- und Kernprozesse im Bundesrahmenhandbuch der BETA), werden die evangelischen Anstöße zur Qualitätsentwicklung herangezogen, die den konkreten QM-Prozess vertiefen, ergänzen, profilieren und fördern können.

› Die Grundmerkmale bieten viele Möglichkeiten, Theorie und Praxis in der Kindertagesstätte auf der Grundlage der biblisch-theologischen Grundorientierungen zu reflektieren. Sie geben auch wichtige evangelische Anstöße für Prozesse und Inhalte der Qualitätsentwicklung in unterschiedlichsten Konzepten.

› Das interreligiöse Profil soll reflektiert und weiterentwickelt werden. Die Qualitätsfragen zu dem Aspekt D „Interreligiöses Miteinander" in den fünf Ebenen werden bearbeitet.

› In einer Presbyteriumssitzung, zu der die Mitarbeitenden der Tageseinrichtung eingeladen sind, soll es um die Grundlagen der gemeinsamen Arbeit in der Gemeinde gehen. Die „Biblisch-theologischen Grundorientierungen" mit den Gesprächsanregungen und den „Pädagogischen Zuspitzungen" werden zur Grundlage der Sitzung. Zu entscheiden ist, welche der vier Grundorientierungen bearbeitet werden soll. Diese lassen sich auch parallel in Gruppen bearbeiten, um die Ergebnisse als weitere Diskussionsgrundlage auszutauschen. Es kann auch nur einer der angegebenen Bibeltexte zur Grundlage des Gesprächs werden. Anschließend gibt es die Möglichkeit, die „Pädagogischen Zuspitzungen" der zu diesem Bibeltext gehörenden Grundorientierung in das Gespräch einzubeziehen.

› Im Team geht es um das Thema Zusammenarbeit mit den Eltern. Die Ebene II „Kooperation mit den Eltern" wird zum Ausgangspunkt des Gesprächs über die Qualität der Arbeit und die Möglichkeiten zur Weiterentwicklung. Der Aspekt, der für das Team am Wichtigsten ist, bildet den Anfang, z.B. „Gemeinsame Profilentwicklung von Kindertageseinrichtung und Kirchengemeinde".

› Eine neue Fachkraft soll eingestellt werden. Das Gremium, das über die Einstellung entscheidet, bereitet sich mit den Qualitätsfragen der Ebene III „Kollegialität unter den Mitarbeitenden" vor. Zum Einstieg wird entscheiden, mit welchem Aspekt begonnen werden soll.

› Bei einem Team-Tag, auf dem innegehalten werden soll, um gemeinsam die Arbeit zu überdenken, können die Grundmerkmale Ausgangspunkt der Überlegung sein: Wo und wie schlagen sich diese Grundmerkmale in unserer Konzeption und unserer täglichen Arbeit nieder? Wo und wie ist unsere Praxis im Blick auf einzelne Grundmerkmale weiter zu entwickeln?

› Bei der Vorbereitung von Themen oder Projekten in Kindertagesstätten kann auf die Dimensionen religiöser Bildung zurückgegriffen werden, indem überlegt wird: Wie können die Dimensionen Kunst und Kinderkultur, Raum, Zeit, Beziehungen, Körper und Sinne, Feste und Rituale, Erzählen und Gesprächskultur, Stille / Meditation und Gebet bei diesem Vorhaben berücksichtigt werden? Welche Ideen setzen die Dimensionen in der Praxis frei? Was tragen die Dimensionen zur Entfaltung und Gestaltung des Themas / des Projektes in der Praxis bei?

Wir hoffen, dass mit diesen Beispielen deutlich geworden ist: „Hoffnung Leben" ist ein Arbeitsbuch. Es geht darum, die unterschiedlichsten Einstiegsmöglichkeiten in dieses Buch und die vielfältigen Umgangsmöglichkeiten mit diesem Buch zu entdecken und zu erproben.

Biblisch-theologische Grundorientierungen

- Was ist denn nun das Evangelische in dieser Kindertageseinrichtung, an meiner Lebenseinstellung, in der Betreuung, Erziehung und Bildung überhaupt?
- Wie lässt sich das, was gelebt und praktiziert wird, auch mitteilen?
- Wo liegen eigentlich die Unterschiede zu Menschen, die ihre Lebensfragen ganz anders beantworten?
- Was verbindet unsere Antworten mit denen anderer Einrichtungen, anderer Menschen, die ähnliche Aufgaben erfüllen?

Auf solche und vergleichbare Fragen stößt beinahe jede und jeder, die bzw. der Kinder beim Aufwachsen begleitet. Fragen, die sich im Alltag von Tageseinrichtungen, aber auch in der Arbeit von Presbyterien und Kirchenvorständen und allen anderen stellen, die sich um Erziehen, Bilden und Betreuen bemühen und die in jeder Situation neu zu beantworten sind. Die vorliegenden Grundorientierungen wollen Hilfen sein; Wegweiser, die evangelische Positionen beschreiben und doch gleichzeitig darauf angewiesen sind, mit Leben gefüllt zu werden.

Vier Grundorientierungen bieten unterschiedliche Zugänge, den eigenen Glauben zu entdecken, ins Gespräch mit ihm zu kommen und in der eigenen religionspädagogischen Praxis gestärkt zu werden:

Erzählen von Gott

Erzählen von Menschen

Erzählen vom Zusammenleben der Menschen

Erzählen vom Sinn des Lebens

Dabei weist jeder Aspekt eine parallele Struktur auf.

Am Anfang steht **ein biblischer Zugang**, der Texte der Bibel vorstellt und auslegt. Wir verfolgen dabei nicht den Anspruch, umfassend alle Meinungen und Glaubensweisen abzudecken, sondern wollen auf eher exemplarische Art zur eigenen Auseinandersetzung anregen.

Die **Anregungen zum Gespräch** machen deutlich, dass theologisches Denken und Deuten biografisch und zeitbezogen ist. Sie geben Anleitungen zum Gespräch im Team der Erziehenden wie auch im Presbyterium oder in anderen Gruppen.

In den **Pädagogischen Zuspitzungen** werden zentrale Aspekte der Betreuung, Bildung und Erziehung im Elementarbereich aufgenommen und mit den biblischen Gedanken konfrontiert.

Bibel erzählt

Unsere Religion, unser Glaube leben von den Erzählungen der Bibel. In ihnen erzählen Menschen von Gott, von sich selbst, vom Zusammensein und vom Leben. Sie erzählen wie sich ihnen Gott vielfältig erschließt. Sie erzählen von ihren Gefühlen, von ihren Taten und von dem, was sie bewegt. Sie erzählen von ihrer Gemeinschaft, vom Zusammenhalt und seiner Gefährdung, vom Streben nach Frieden, Gerechtigkeit und der Bewahrung der Schöpfung. Sie erzählen von Hoffnung und Scheitern, vom Erfolg und von Verletzung und von ihrer Vision eines gelingenden Lebens. Sie nehmen uns so in ihre Glaubensgeschichten hinein, laden ein zur Begegnung mit Gott und öffnen uns zum eigenen Weitererzählen.

Daher wählen wir den Zugang zu den Grundorientierungen über das Erzählen biblischer Texte, weil sie uns von dem erzählen, was schon immer war oder was wir noch nicht kennen. Sie stellen Zusammenhänge her, verbinden uns mit dem Urgrund unseres Lebens, erfüllen unseren Wunsch nach Geborgenheit und Ermutigung. Sie halten die Ambivalenzen des Lebens aus, muten schier Unzumutbares zu, indem sie bis an die Grenzen des Lebens führen. Biblische Geschichten bereichern uns, bringen uns in Bewegung, begeistern und lassen uns Neues entdecken.

Denn biblische Geschichten wollen
- unserem Leben Sinn vermitteln, Orientierung stiften und Zuversicht anstoßen
- neue Perspektiven eröffnen und den Blick weiten
- Visionen gelingenden Lebens in uns wachhalten und künftige Möglichkeiten vergegenwärtigen
- die Begegnung mit dem Fremden, dem Anderen zumuten
- durch konkrete Beispiele zur eigenen Identität beitragen
- …

Deshalb ist das Hören, Lesen und Weitererzählen von biblischen Geschichten tragendes Element jeder religiösen Bildung und Erziehung.

Eine biblische Beispielgeschichte: **Lukas 15,11-32**

> Jesus fuhr fort: »Ein Mann hatte zwei Söhne. Der Jüngere sagte zu ihm: ›Vater, gib mir den Anteil am Erbe, der mir zusteht!‹ Da teilte der Vater das Vermögen unter die beiden auf. Wenige Tage später hatte der jüngere Sohn seinen ganzen Anteil verkauft und zog mit dem Erlös in ein fernes Land. Dort lebte er in Saus und Braus und brachte sein Vermögen durch. Als er alles aufgebraucht hatte, wurde jenes Land von einer großen Hungersnot heimgesucht. Da geriet auch er in Schwierigkeiten. In seiner Not wandte er sich an einen Bürger des Landes, und dieser schickte ihn zum Schweinehüten auf seine Felder. Er wäre froh gewesen, wenn er seinen Hunger mit den Schoten, die die Schweine fraßen, hätte stillen dürfen,

doch selbst davon wollte ihm keiner etwas geben. Jetzt kam er zur Besinnung. Er sagte sich: ›Wie viele Tagelöhner hat mein Vater, und alle haben mehr als genug zu essen! Ich dagegen komme hier vor Hunger um. Ich will mich aufmachen und zu meinem Vater gehen und zu ihm sagen: Vater, ich habe mich gegen den Himmel und gegen dich versündigt; ich bin es nicht mehr wert, dein Sohn genannt zu werden. Mach mich zu einem deiner Tagelöhner!‹ So machte er sich auf den Weg zu seinem Vater.

Dieser sah ihn schon von weitem kommen; voller Mitleid lief er ihm entgegen, fiel ihm um den Hals und küsste ihn. ›Vater‹, sagte der Sohn zu ihm, ›ich habe mich gegen den Himmel und gegen dich versündigt; ich bin es nicht mehr wert, dein Sohn genannt zu werden.‹ Doch der Vater befahl seinen Dienern: ›Schnell, holt das beste Gewand und zieht es ihm an, steckt ihm einen Ring an den Finger und bringt ihm ein Paar Sandalen! Holt das Mastkalb und schlachtet es; wir wollen ein Fest feiern und fröhlich sein. Denn mein Sohn war tot, und nun lebt er wieder; er war verloren, und nun ist er wiedergefunden.‹ Und sie begannen zu feiern.

Der ältere Sohn war auf dem Feld gewesen. Als er jetzt zurückkam, hörte er schon von weitem den Lärm von Musik und Tanz. Er rief einen Knecht und erkundigte sich, was das zu bedeuten habe. ›Dein Bruder ist zurückgekommen‹, lautete die Antwort, ›und dein Vater hat das Mastkalb schlachten lassen, weil er ihn wohlbehalten wiederhat.‹ Der ältere Bruder wurde zornig und wollte nicht ins Haus hineingehen. Da kam sein Vater heraus und redete ihm gut zu. Aber er hielt seinem Vater vor: ›So viele Jahre diene ich dir jetzt schon und habe mich nie deinen Anordnungen widersetzt. Und doch hast du mir nie auch nur einen Ziegenbock gegeben, sodass ich mit meinen Freunden hätte feiern können! Und nun kommt dieser Mensch da zurück, dein Sohn, der dein Vermögen mit Huren durchgebracht hat, und du lässt das Mastkalb für ihn schlachten!‹ – ›Kind‹, sagte der Vater zu ihm, ›du bist immer bei mir, und alles, was mir gehört, gehört auch dir. Aber jetzt mussten wir doch feiern und uns freuen; denn dieser hier, dein Bruder, war tot, und nun lebt er wieder; er war verloren, und nun ist er wiedergefunden.‹«

(Neue Genfer Übersetzung, 2011)

Wir laden zu einer **ersten Begegnung mit dieser Erzählung** ein und bieten drei Zugänge an:

Zugang: persönlich/biografisch

Was löst dieser Text in mir aus?
- Welches Wort bzw. welcher Satz spricht mich an?
- Was habe ich am Text nicht verstanden?
- An welche Erlebnisse, Erfahrungen, Einsichten erinnert mich der Text?

Zugang: über Dimensionen

Raum
- An welchen Orten spielt das Erzählte?
- Welche Wege legen die Personen zurück?
- Lässt sich ihr Weg näher charakterisieren?

Zeit
- Zu welcher Tages-/Jahreszeit ereignet sich das Erzählte?
- Über welchen Zeitraum erstreckt sich die Geschichte?

Personen und ihre Beziehungen
- In welcher Beziehung stehen die Personen untereinander?
- Wie verhalten sie sich?
- Sind noch andere Beziehungen für das Geschehen wichtig (z.B. zu Personen außerhalb der Erzählung)?

Zugang: mit den biblisch-theologischen Grundorientierungen

Erzählen von Gott
- Wie wird Gott genannt?
- Von welchen Wesenszügen Gottes ist die Rede?
- An welchen Orten und wie lässt sich Gott erfahren und wo bzw. wie begegnet Gott?
- Wie wirkt Gott?

Erzählen von Menschen
- Welche Ziele verfolgen sie? Auf welche Hindernisse stoßen sie?
- Von welchen lebensstiftenden Werten oder auch lebenszerstörenden Haltungen lassen sie sich leiten?
- Wo erfahren sie Grenzen?
- Lassen sich Motive für ihr Handeln nennen?
- Wie verhalten sich die Menschen vor Gott?
- Wie nimmt die Erzählung die menschlichen Erfahrungen von Trauer und Freude, Heimat und Unterwegssein, Bereicherung und Verlust wahr?

Erzählen vom Zusammenleben der Menschen
- Von welchen gesellschaftlichen Bedingungen, politischen wie sozialen Aspekten geht die Erzählung aus?
- Wie beschreibt sie das Umfeld menschlichen Lebens?

- Was erwarten die Personen von ihrem eigenen Handeln und dem der Anderen?
- Wie deuten sie das Handeln der Anderen?
- Welche Machtstrukturen sind erkennbar?
- Wie beschreibt die Erzählung die Beziehung von Einzelnen und der Gemeinschaft?

Erzählen vom Sinn des Lebens

- Wo begegnen Schlüsselworte und Deutesätze im Erzählten?
- Welche Worte oder Bilder der Erzählung gewinnen symbolischen Charakter?
- Welche Vorstellungen vom Sinn des Lebens werden dabei berührt?

Anregungen zur Weiterarbeit

› Was erzählt die Geschichte nicht? Welche Lücken lässt sie zu?
› Welche Worte und Motive aus anderen biblischen Erzählungen und Texten klingen mit an und welche Folgen hat dies für mein Verständnis dieser Erzählung?
› Welche Konsequenzen ziehe ich aus meinen Erkenntnissen für das eigene Weitererzählen dieser Geschichte?
› Welchen inhaltlichen Schwerpunkt wähle ich für meine Erzählung aus? Welche Ziele verfolge ich damit?

Erzählen von Gott

Biblisches

1. *Mose aber sagte zu Gott: Wenn ich zur Gemeinde Israel zurück komme und ihnen sage: Der Gott eurer Vorfahren hat mich zu euch gesandt, dann werden sie fragen: Was ist sein Name? Was soll ich ihnen dann antworten? Da sprach Gott zu Mose: Ich werde sein, der ich sein werde. Und er sprach weiter: Das sollst du den Israeliten mitteilen: Ich-werde-sein hat mich zu euch gesandt.*

(2. Mose 3,13-14)

Gottes Antwort an Mose überrascht. Sie ist Antwort und zugleich Verweigerung einer Antwort. Sie bietet keine abschließende Definition, die ein Verstehen auf den Punkt bringen will, sondern eröffnet eine Beziehung zwischen Gott und den Menschen. „Ich werde für euch da sein …" Gott ist da: bewahrend und helfend im Leben der Israeliten und dann auch im Leben der Menschen, die sich vertrauensvoll auf ihn einlassen. So können wir es von dieser Selbstoffenbarung Gottes her formulieren. Aber auch das andere gilt: Gott ist für die Menschen da, ist aber für sie nicht in allem greifbar und fassbar. Er gibt sich nicht in die Hand von Menschen. Sie können ihn nie ganz erkennen, immer bleibt Gott selbst ihrem Zugriff verborgen. Menschliches Erkennen stößt an Grenzen. So bleibt Gottes Geheimnis gewahrt.

2. *Gott sprach: Lasst uns Menschen machen als unser Bild, uns ähnlich. (...) Und Gott schuf den Menschen als sein Bild: als Bild Gottes schuf er ihn; als Mann und Frau schuf er sie. Und Gott segnete sie...*

(1. Mose 1, 26–28)

Als die Menschen erschaffen werden als Bild Gottes, werden sie männlich und weiblich: Frauen und Männer sind Gottes Ebenbilder, weil Gott auch beides in sich trägt. Entsprechend erzählen die biblischen Texte auf unterschiedliche Weise von Gott und legen sich dabei nicht auf einen bestimmten Begriff oder ein begrenztes Verständnis fest – ganz gemäß dem Gebot, sich kein Bild von Gott zu machen (2. Mose 20,4), das zu den zehn Geboten zählt.

3. *Gott sprach zu Abraham: Geh aus deinem Land und aus deiner Verwandtschaft und aus dem Haus deines Vaters in das Land, das ich dir zeigen werde.*

(1. Mose 12,1)

Aufbrechen, herausgerissen Werden aus dem, was uns lieb und teuer ist, unterwegs Sein und Grenzen erfahren, ja manchmal bis an die Grenzen unserer Möglichkeiten stoßen – Frauen und Männer haben in solchen Erfahrungen das Wirken Gottes gesehen. Sie sind für sich zu der Erkenntnis gekommen, dass Gott nicht vor der Gefahr, sondern in der Gefahr bewahrt. „Und ob ich schon wanderte im finsteren Tal, so fürchte ich kein Unglück. Denn du bist bei mir." (Psalm 23,4) So spannt sich unser Glaube aus zwischen diesen beiden Polen: der Geborgenheit und der Suche, dem Schutz und dem Aufbruch, der Heimat und der Wanderschaft. Durch alle Schwierigkeiten begleitet Gott die Menschen mit seinen Verheißungen und seinem Segen in die versprochene Zukunft.

4. *Gott aber ging vor ihnen (dem Volk Israel) her, tagsüber in einer Wolkensäule, um sie den Weg zu führen, nachts in einer Feuersäule, um ihnen zu leuchten. So konnten sie Tag und Nacht wandern.*

(2. Mose 13,21)

Gott will nicht auf ein Jenseits festgelegt werden, sondern ist bei den Menschen, begleitet sie über Höhen und durch Tiefen, verbindet sich mit ihren Alltags- und Lebensgeschichten, geht den Weg mit ihnen – meist ein Leben lang. Im Dunkel der Nacht wird Gott erkennbar in einer Feuersäule, in der Helligkeit des Tages dagegen als dunkle Wolke. Als Kontrast zum je Gegebenen offenbart Gott sich als Wegbegleiter.

Gott kann sich den Menschen ganz unterschiedlich zeigen. Wir können sogar sagen: Gott selbst ist in sich unterschiedlich und wird von Menschen ganz verschieden wahrgenommen. Das spiegelt sich in der Bibel in den vielfältigen Namen und Offenbarungsweisen Gottes. Spätere Generationen bekennen Gott, den Einen – in Aufnahme des biblischen Sprechens – als Vater, als Sohn und als Heiligen Geist.

5. *Ein Mann hatte zwei Söhne. Der jüngere von ihnen sagte zum Vater: „Vater, gib mir den Teil des Vermögens, der mir zusteht!" Da teilte der Vater unter die beiden auf, was er zum Leben hatte [...] Nachdem der jüngere aber alles aufgebraucht hatte [...] kam er zu sich selbst und sagte: [...] „Ich will mich aufmachen und zu meinem Vater gehen" [...] So machte er sich auf den Weg zu seinem Vater. Er war noch weit weg, da sah ihn sein Vater schon und es ward ihm weh ums Herz, und er lief ihm entgegen, fiel seinem Sohn um den Hals und küsste ihn.*

(Lukas 15,11–20)

In unzähligen Geschichten, Bildworten und Sprüchen erzählt die Bibel von dem barmherzigen und fürsorgenden Gott, der den Menschen entgegeneilt, sie liebevoll in seine Arme schließt und ein Fest für sie ausrichtet. Geborgenheit und Bewahrung, Sicherheit und Halt assoziieren wir mit solchen Erzählungen. Im Glauben erfahren wir Vertrauen und Zuversicht, Schutz und Heimat. „Heimat" wird in diesem Zusammenhang verstanden als ein Ort entspannter Beziehungen, wo ich „zu Hause" und bekannt bin, wo ich Anerkennung erfahre und ohne Kampf und Sorgen leben kann. Das sind Wahrnehmungen von Gottes Gegenwart.

6. *Bin ich denn nur ein Gott der Nähe [...] und nicht auch ein Gott der Ferne?*

(Jeremia 23,23)

Doch neben dem allgegenwärtigen, barmherzigen, fürsorgenden, nahen Gott klingen auch die dunklen Seiten Gottes an: seine Verborgenheit, Fremdheit und Ferne. So berichten Menschen in den biblischen Erzählungen von Situationen, in denen Gott für sie unerreichbar schien (z.B. Jeremia 15,18: *„Durch und durch bist du mir wie ein Trugbach, wie Wasser, auf das kein Verlass ist"*, oder die Klagepsalmen).

Hiob hat Gott auf eine Weise nah und fern zugleich erlebt, die in der Erzählung selbst die Menschen in seiner Umgebung an die Grenzen ihres Verständnisses bringt. Hiob klagt – und seine Klage bringt zum Ausdruck, wie er mitten in der Gottverlassenheit an Gott festzuhalten vermag, mitten im Leiden das Vertrauen nicht verliert, mitten in Gottes Ferne Gottes Nähe glaubt.

7. *Gott hat Jesus aus Nazareth zum Retter bestimmt und mit seinem Geist und seiner Kraft erfüllt. Wo er hinkam, tat er Gutes und heilte alle, die von bösen Mächten unterdrückt wurden, weil Gott mit ihm war […] Gott hat ihn vom Tod auferweckt […] und uns gab Jesus den Auftrag, den Menschen das zu verkündigen und zu bezeugen.*

(Apostelgeschichte 10, 38–42)

Alle Rede von Jesus als dem Christus ist Glaubensaussage, getragen von der Ostererfahrung: „Jesus lebt!", dem Urbekenntnis der Christenheit: „Gott hat ihn auferweckt von den Toten. Er ist wahrhaftig auferstanden". In Jesus Christus kommt Gott selbst in alle Tiefen menschlicher Geschichte und Geschichten hinein. Kein anderer als der Gott Israels ist es, der so seinen Bund mit den Menschen sichtbar und erfahrbar macht.

8. *Am Straßenrand saß der blinde Bartimäus und bettelte. Als er hörte, dass Jesus von Nazareth da vorbeikam, begann er laut zu rufen: „Jesus, hab Erbarmen mit mir!" Da blieb Jesus stehen und sprach: „Ruft ihn her!" Und sie rufen den Blinden und sagen zu ihm: „Sei guten Mutes, steh auf! Er ruft dich." Da warf er seinen Mantel ab, sprang auf und kam zu Jesus. „Was soll ich für dich tun?" fragte Jesus. Da sagte der Blinde: „Rabbi, ich möchte wieder sehen können." Und Jesus sagte zu ihm: „Geh nur, dein Glaube hat dich gerettet." Im gleichen Augenblick konnte er sehen und folgte Jesus auf dem Weg.*

(Markus 10,46–52)

In Jesus Christus ist Gottes Liebe und Zuwendung spürbar und greifbar nahe. Durch Jesus erfahren große und kleine, alte und junge, kranke und gesunde, gerechte und ungerechte Menschen Gottes Nähe, Annahme und Wertschätzung. Aus der Freude über diese Erfahrung, nicht aus irgendeiner Form von Druck – sei es Leistung, Erfolg oder sogar Bekehrung – können sie sich wandeln und Jesus nachfolgen.

In Jesus Christus hat Gott seine Verheißungen wahr gemacht. Er wendet sich heilend und helfend denen zu, die am Rande stehen und in ihrer Lebenssituation ohne Hoffnung sind. Wo Menschen ihre Not vor Jesus bringen, erfahren sie auf vielerlei Art seine Zuwendung und Annahme. So können Hoffnungslose aufatmen, heil werden und neue Wege finden.

9. *Der Engel sagte zu den Frauen: „Ihr braucht keine Angst zu haben. Ich weiß, ihr sucht Jesus, den Gekreuzigten. Er ist nicht hier. Er ist auferweckt worden, wie er es gesagt hat. Jetzt geht schnell zu seinen Jüngern und sagt ihnen: Gott hat ihn vom Tod auferweckt. Er geht euch voraus."*

(Matthäus 28, 5–7)

Gott stellt sich in Jesus Christus ohne Vorbehalt auf die Seite der Menschen. Jesu Weg der Liebe führt ihn in letzter Konsequenz an das Kreuz und in den Tod. So kommt Gott selbst in die Dunkelheit des Todes und nimmt dem Tod damit den Schrecken der absoluten Finsternis und Verlassenheit. In Jesu Auferweckung überwindet Gott den Tod und verheißt seinen geliebten Menschen Leben, das stärker ist als der Tod.

Diese gute Nachricht nimmt ihren Anfang bei den Frauen, die trotz Angst und Trauer den Weg zum Grab wagten und strahlt von ihnen aus in alle Welt.

10. *Einige Leute aus dem Dorf brachten ihre Kinder zu Jesus, damit er sie berühre. Die Jünger aber fuhren sie an. Als Jesus das sah, wurde er zornig und sagte zu ihnen: „Lasst die Kinder zu mir kommen, hindert sie nicht daran; denn für Menschen wie sie steht Gottes Reich offen. Wer Gottes Reich nicht wie ein Kind annimmt, wird es niemals erreichen." Und er nahm die Kinder in seine Arme, legte ihnen die Hände auf und segnete sie.*

(Markus 10,13–16)

Mädchen und Jungen nehmen in der Verkündigung Jesu eine ganz eigene Stellung ein. Geschichten wie die Kindersegnung machen deutlich, dass Jesus anders als in seiner Zeit üblich in den Jungen und Mädchen etwas Eigenes sah. Er hatte Augen für ihre besonderen Gaben, zugleich registrierte er aber auch die erschreckende Armut, unter der viele von ihnen zu leiden hatten. Ihr grenzenloses Vertrauen, ihre Fähigkeit bedingungslos zu lieben, machen sie für Jesus zum Vorbild für die Erwachsenen.

Wie die Kinder – so sollen Menschen ihr Verhältnis zu Gott gestalten.

Anregungen zum Gespräch

› Treffen die ausgewählten Bibeltexte Ihr Verständnis von Gott? Welche anderen Texte sind für Ihren Glauben wichtig?

Welche Bilder/Metaphern bringen Sie mit Gott in Verbindung?

› Gibt es Gottesbilder/Jesusbilder, die Ihnen fremd sind oder die Sie ablehnen?

› Vollenden Sie die folgenden Satzanfänge:

„Gott ist da zu spüren, wo …"

„Gott begegnet mir dann, wenn …"

› Welchen Sätzen über Gott können Sie aufgrund Ihrer Erfahrungen zustimmen?

„Gott reicht mir seine Hand."

„Gott gibt den Verstummten Worte."
„Gott bestraft keinen."
„Gott ist mir fremd."
„Gott birgt mich in seinen Armen."
„Gott verschließt die Ohren vor mir."
„Gott begegnet mir als ein Liebhaber."
„Gott richtet die am Boden Liegenden auf."
„Gott – Freundin der Menschen."
„Kleine Sünden bestraft der liebe Gott sofort."
„Der liebe Gott sieht alles."
„Gott schweigt."

› Von welchen eigenen Erlebnissen können Sie erzählen? Wodurch wurde Ihr Gottesbild/Jesusbild geprägt?
› Welche Gefühle und Empfindungen nehmen Sie bei sich wahr, wenn Sie vom „verborgenen Gott" hören?
› Was empfinden Sie bei folgenden Aussagen?

   „Ich bin in guten Händen."

   „Man kann sich auf nichts verlassen."

   Versuchen Sie, diese Aussagen mit Gott zu verbinden.
› Beeinflusst Ihr Gottesbild/Jesusbild Ihren Umgang mit anderen Menschen?
› Welche Bilder und Erfahrungen verbinden sich für Sie mit den weiblichen Seiten Gottes?
› Wie könnte ein vom Evangelium bestimmter Umgang mit eigenem wie fremdem Versagen, Schwächen und Leiden aussehen?

Pädagogische Zuspitzungen

Die Begegnung mit Gott umfasst Erfahrungen des Geborgenseins und des Verlassenseins.

Sie kann den geordneten Ablauf der Lebensgeschichte stören. Sie kann irritieren und zur verschärften Wahrnehmung herausfordern. Sie macht aber auch aufmerksam auf das Neue in unseren Lebensvollzügen. Und sie kann unserem Leben Halt geben. Im Aushalten dieser Spannungen und Übergänge kann Leben gestaltet werden.

Dabei sind besonders die Übergänge empfindliche Phasen im menschlichen Leben.

Kinder erfahren heute häufiger als früher Übergänge, Brüche, Veränderungen in ihrem Leben und die damit verbundenen Unsicherheiten. Diese können mehr sozial oder auch mehr individuell bedingt sein.

Der Wechsel des Wohnorts und damit auch von Einrichtungen, Spielpartnern, Umgebung usw. wie auch das Aufwachsen in anderen Konstellationen als der Ursprungsfamilie fordert von Mädchen und Jungen in besonderem Maße die Fähigkeit, mit grundlegenden Veränderungen umzugehen.

Kinder erleben bei sich und bei anderen nicht nur unterschiedliche Familienformen. Auch im Blick auf das Selbstverständnis der erwachsenen Partner, auf die Qualität der Eltern-Kind-Beziehung oder auf den Wert, den Kinder heute für ihre Eltern repräsentieren, gibt es wenig allgemein gültige Voraussetzungen. Unterschiedliche Erfahrungen in differenzierten Lebensverhältnissen (wachsende Erlebnis-Orientierung und zunehmende künstliche Lebenswelten) prägen zusätzlich die individuelle Entwicklung jedes Kindes.

Christliche Erziehung fragt daher heute mehr denn je nach einer Stärkung der Basiskompetenzen zur Lebensbewältigung:

- Was macht Mädchen und Jungen stark im Sinne von Resilienz?
- Wie bewältigen Kinder Übergänge/Veränderungen (Transition)?
- Was bedeutet im Blick auf die Jungen und Mädchen Ganzheitlichkeit und wie können sie diese erfahren?

Hier kann die Botschaft von Gott, der Frauen und Männer, Kinder und Jugendliche in aller Differenziertheit, die die biblischen Erzählungen nahelegen, auf ihren Wegen begleitet und der Jesu Weg gerade nach dem scheinbar endgültigen Abbruch wieder neu beginnen lässt, helfen, eigene Wege zu bewältigen und im Leben einen Sinn zu entdecken.

Gerade der christliche Schatz an Ritualen, Symbolen, Bildern, Liedern und Geschichten bereichert Mädchen und Jungen so, dass sie sich selbst ihr Leben in all seinen Dimensionen erschließen können.

Erzählen von Menschen

Biblisches

1. *Lasst uns Menschen machen als unser Bild, uns ähnlich. Sie sollen herrschen ... Und Gott schuf den Menschen als sein Bild: als Bild Gottes schuf er ihn; als Mann und Frau schuf er sie.*

(1. Mose 1, 26–27)

2. *Mose aber sagte zu Gott: Herr, ich bin kein Mann von Worten. Ich war es früher nicht und bin es auch nicht, seit du zu deinem Diener redest; schwerfällig sind mein Mund und meine Zunge. Da sprach Gott zu ihm: Wer hat dem Menschen einen Mund gemacht, wer macht stumm oder taub oder sehend oder blind? Bin nicht ich es, Gott? Und nun geh, ich selbst werde mit deinem Mund sein...*

(2.Mose 4, 11f)

Innerhalb der Schöpfungserzählungen werden die Menschen vor allen anderen Geschöpfen durch eine eigene Beziehung zu Gott ausgezeichnet.

Diese Gottebenbildlichkeit jedes Menschen meint:

Alle Menschen sind einzigartige Gedanken Gottes.

Hier klingt die Gleichwertigkeit und Würde aller Menschen an. Es gibt kein sinnloses oder wertloses Menschenleben, keine Wertung aufgrund von Herkunft, Religion oder Kultur. Die Menschen bedürfen zu ihrem jeweiligen Personsein keiner Mindestqualitäten. Ihre geistigen, emotionalen und körperlichen Funktionen gehören unlösbar zusammen. So gibt es keine Abwertung des Leiblichen, keinen Dualismus von Geist/Seele und Leib. Jeder Mensch ist als ganzer von Gott geschaffen. Von einem ganzheitlichen Verständnis der Menschen geht die Bibel aus.

Alle Menschen sind Geschenke Gottes.

Alle Menschen sind Geschöpfe Gottes. Die Aussage „Bild Gottes" will die Abhängigkeit der Menschen von Gott als eine Art Gottesverwandtschaft charakterisieren. Der Menschen Gegenüber zu Gott ist nicht etwas, was zu ihnen hinzu gekommen ist, sondern menschliches Sein wird als In-der-Beziehung-zu-Gott-Sein definiert. Diese Relation verpflichtet die Menschen, wie gute Töchter und Söhne Gottes zu handeln, nämlich die Erde zu schützen und zu pflegen (*„bebauen und bewahren"*, 1. Mose 2, 15).

Die Würde menschlichen Lebens besteht somit im Geschenkcharakter des Lebens, der in der Gabe zugleich eine Aufgabe enthält. Damit ist die grundsätzliche Unverfügbarkeit des Lebens und der Welt gewahrt, die den Menschen in Obhut gegeben sind. Leben und Welt sind nicht der beliebigen Verfügbarkeit ausgeliefert.

Geschöpfe und Bilder Gottes bleiben die Menschen auch in ihrer Hilflosigkeit, in Krankheit und Behinderung. Sie bleiben einzigartig, gleich wertvoll und in ihrem jeweiligen Person Sein qualifiziert. Gerade diese Vielfalt menschlicher Existenz wird als Bereicherung erfahren.

So erhält Mose auf seinen Einwand, er werde doch aufgrund seiner Sprachbehinderung beim Pharao kein Gehör finden, zur Antwort, dass sie zu seiner Person gehört (2. Mose 4,10f.). Mose wird von Gott zu diesem Auftrag weder wegen seiner noch trotz seiner, sondern mit seiner Behinderung berufen.

Gottes Antwort schließt Menschen mit und ohne Behinderungen zusammen und nennt sie auf einer Ebene (siehe: die Sehenden und die Blinden). Es gibt daher kein Sein von Menschen, das in seinem Sosein aus dem Bereich der Schöpfung Gottes und seines Willens heraus gelöst werden darf. Die von Gott geschaffenen Menschen sind mit und ohne Behinderungen als ein Bildnis Gottes gleichwertig und gleichberechtigt gesehen. Behinderungen gehören selbstverständlich und unteilbar zur Integrität der jeweiligen Person.

Was wir biblisch so beschreiben, benennt die UN-Konvention über die Rechte von Menschen mit Behinderungen unter dem Stichwort Inklusion und verweist damit auf die „Einbeziehung aller", auf „die volle und wirksame Teilhabe an der Gesellschaft und Einbeziehung in die Gesellschaft" aller (Art. 3c). Inklusion ist das Prinzip, die Vielfalt menschlichen Lebens als Reichtum zu schätzen. Heterogenität wird so als Gewinn verstanden und nicht als ein Problem.

Alle Menschen unterscheiden sich.

In seiner Einzigartigkeit unterscheidet sich jeder Mensch vom Anderen. Spricht 1. Mose 2,7 von einer Einheit als „Mensch" (hebräisch *adam*), gebildet vom Staub des Erdbodens und vom göttlichen Lebensatem (*„So wurde der Mensch ein lebendiges Wesen"*), so klingt wenig später seine Vielfalt und Unterschiedlichkeit an, wenn er als Frau und Mann (hebräisch *ischa* und *isch*) differenziert wird (1. Mose 2,23). Ja, erst durch die Erschaffung der Frau findet der Mann zu seiner geschlechtlichen Identität. Und nicht allein die Einheit der Menschen, auch die Differenz zwischen den Menschen wird mit ihrer Gottebenbildlichkeit begründet (*„uns ähnlich"*).

Diese Differenz gründet in Gott selbst. Auch er ist als Einheit und als Vielfalt zu denken und zu erfahren. Die Aufforderung *„Lasst uns Menschen machen...uns ähnlich"*, die unterschiedliche Erklärungen gefunden hat, gewinnt so eine neue Perspektive: Gott selbst ist in sich unterschiedlich.

Alle Menschen sind zur Gemeinschaft bestimmt.

Alle Menschen sind nur lebensfähig durch Mitmenschen. *„Und Gott sprach: Es ist nicht gut, dass der Mensch allein ist."* (1. Mose 2,18). Grundlegend für ihr Menschsein ist die Fähigkeit der Zuwendung und der Beziehung. Sie sind zur Gemeinschaft bestimmt. Nur in Beziehungen entwickelt sich Leben. Von Anfang an sind die Menschen in ihrer Verschiedenheit gleich geachtet und aufeinander angewiesen.

Alle Menschen sind gleich *und* sind verschieden.

In ihrer Gottebenbildlichkeit haben alle teil an der Vollkommenheit und sind zugleich unvollkommen. Im Miteinander, in der Gleichwertigkeit der Verschiedenen geht es um die Kunst des gleichberechtigten Zusammenlebens und die gelebte Erkenntnis, dass jeder Mensch einzigartig ist und diese Individualität für die Gemeinschaft belebend und bereichernd wirkt.

Alle Menschen sind zur Verantwortung bestimmt.

Mit der Gottebenbildlichkeit der Menschen wird auch ihr Verhältnis zu anderen Lebewesen und zur Erde insgesamt charakterisiert. Es ist geprägt von der Verantwortung und Fürsorge für sich selbst, für die anderen und für die Welt. Frauen und Männer sollen eintreten für Frieden, Gerechtigkeit und Bewahrung der Schöpfung. Das ist ihr Auftrag.

3. *Da fragten sie ihn: „Was sollen wir denn tun, um Gottes Willen zu erfüllen?" Jesus antwortete: „Gott verlangt nur eines von euch. Ihr sollt dem vertrauen, den er gesandt hat."*

(Johannes 6,28f.)

Alle Menschen sind durch Jesus Christus befreit und befähigt, Gottes Liebe im eigenen Leben zu entsprechen.

Gott hat sich in Jesus Christus voraussetzungslos für die Menschen entschieden. Jede/r Einzelne ist angesprochen und aufgefordert, sich diese gute Entscheidung Gottes gefallen zu lassen, auf Gott zu bauen und seiner Liebe im eigenen Leben zu entsprechen.

Christliche Ethik bindet in erster Linie an Jesus Christus, nicht an eine bestimmte Summe von Vorschriften.

Da Menschen und Situationen sehr verschieden sind, kann die Entsprechung zur Liebe Jesu ganz verschieden aussehen: Hier die Familie verlassen, da heiraten, hier Gebrauch der Freiheit, da Verzicht und Rücksichtnahme. Jede und jeder muss selbst prüfen, welches der Jesus entsprechende Weg ist. Diesen richtigen Weg gilt es dann immer wieder neu zu suchen, denn Menschen leben in dieser Welt immer in der Spannung von Gut und Böse, von Sünde und Gerechtigkeit, von Leben und Tod.

4. *Ich sage das nicht, weil mir etwas fehlt; ich habe nämlich gelernt, in jeder Lage mit dem Vorhandenen auszukommen. Ich kann bescheiden leben, ich kann aber auch im Überfluss leben; mit allem und jedem bin ich vertraut: satt zu werden oder zu hungern, Überfluss zu haben oder Mangel zu leiden. Alles vermag ich durch den, der mir die Kraft dazu gibt.*

(Philipperbrief 4,11–13)

Alle Menschen tragen auch Unvollkommenes und Unabgeschlossenes in sich. Paulus erzählt von seinem Leben und von Alltagserfahrungen. Er zeigt die Begrenztheit des Lebens, seine Unabgeschlossenheit und Fragmenthaftigkeit auf. Die Biografien der Menschen sind ohne die Erfahrungen des Unvollendeten und Unabgeschlossenen nicht schreibbar. Die Unvollkommenheit gehört zur christlichen Definition der Menschen und des Menschlichen. Dieser Gedanke des fragmentarischen Lebens zieht sich wie ein roter Faden durch die Bibel und charakterisiert die Ich-Entwicklung der Menschen. In der Gewissheit jedoch, von Gott getragen zu sein, mobilisieren Menschen Lebensenergien, bestehen und überstehen Entbehrungen und Krisen. So beschreiben Bereicherung wie Verlust, die Weite menschlichen Lebens wie seine Endlichkeit jeweils Pole, zwischen denen sich Leben spannungsvoll ausbreitet.

Anregungen zum Gespräch

› Treffen die ausgewählten Bibeltexte Ihr Verständnis von Menschen? Welche anderen Texte sind für Ihren Glauben wichtig?

› Vollenden Sie folgende Satzanfänge:

„Menschen können für mich Vorbild sein, wenn sie …"

„Menschsein heißt für mich …"

› Welchen Sätzen über Menschen können Sie aufgrund Ihrer Erfahrungen zustimmen?

„Jeder Mensch ist einzigartig und mit niemandem vergleichbar."

„Jeder Mensch kann sich nur im Zusammenleben mit anderen Menschen verwirklichen."

„Nicht Leistung allein bestimmt den Wert eines Menschen."

„Jeder Mensch hat ein Recht auf den eigenen Tod."

› Welchen Sätzen über Jungen und Mädchen (in Anlehnung an J. Korczak) können Sie aufgrund Ihrer Erfahrungen zustimmen und warum?

„Jedes Kind hat das Recht, genauso geachtet zu werden wie ein Erwachsener."

"Jedes Kind hat ein Recht, genauso zu sein wie es ist."

"Ein Kind muss sich nicht verstellen und so sein, wie es die Erwachsenen wollen."

"Du, Kind, wirst nicht erst Mensch, du bist Mensch."

› Was empfinden Sie bei folgenden Aussagen?

"Ich bin ich und weiß, was ich will."

"Ich kann mich sehen lassen."

Versuchen Sie, diese Aussagen mit ihren Bildern von Menschen zu verbinden.

Pädagogische Zuspitzungen

Christliche Betreuung, Erziehung und Bildung geht von der Annahme aus, dass jedes Mädchen und jeder Junge Geschöpf Gottes und dadurch eine eigene Person ist. Jedes Kind ist ein einmaliges, unverwechselbares und ganzheitliches Wesen. Und alle Kinder sind gleichwertig, aber jeweils andersartig und einzigartig. Durch seine Gottebenbildlichkeit besitzt jeder Junge und jedes Mädchen eine eigene Würde und hat einen eigenen Wert. In aller Verschiedenheit kommen jedem Mädchen und jedem Jungen daher die gleiche Achtung zu.

Die vorhandene Vielfalt der Menschen darf nicht zur Ausgrenzung einzelner führen, sondern allen Kindern stehen entsprechend ihrer Fähigkeiten Chancen zur Teilhabe und Entwicklung offen. Sie haben ein Recht auf ihr je eigenes Leben, sie gehören je sich selbst. Sie entwickeln eigene und eigenständige Antworten auf die Herausforderungen von Leben und Welt, von Glauben und Religion. Ihre Antworten unterscheiden sich meist von denen der Erwachsenen. Im Prozess der Erziehung gestaltet sich ihre jeweilige Einzigartigkeit und Einmaligkeit zu ihren jeweiligen eigenen Geschichten und ihren eigenen Biografien. Dabei sind auch Risiken, Wagnisse und Umwege wichtige Etappen.

Auch in der Religionspädagogik kann es nicht darum gehen, alle Hindernisse und Krisen aus dem Weg zu räumen, um für eine programmgemäße Entwicklung zu sorgen. Gerade in kritischen Ereignissen und schwierigen Übergängen ruhen viele Chancen zum Wachstum. Viele Geschichten der Bibel erzählen davon, wie im Risiko, im Scheitern, auf der Flucht Gottes Wege mit Frauen und Männern beginnen.

Erziehung, Bildung und Betreuung werden also die Entwicklung des einzelnen Kindes berücksichtigen, in der je unterschiedlichen Art als Junge oder Mädchen zu leben so sehr wie in Blick auf die Formen, wie einzelne Kinder für ihre je eigene Lage gestärkt werden können. Denn jedes Kind hat seinen individuellen Förderbedarf und kann etwas Eigenes zur Gestaltung der Gemeinschaft beitragen.

Mädchen und Jungen brauchen heute insbesondere Fähigkeiten, die sie in die Lage versetzen, mit den unterschiedlichen Herausforderungen, Übergängen und Widrigkeiten auf ihrem Weg angemessen umzugehen. Dazu gehören vor allem ein positives Selbstkonzept und sichere Bindungen, dann aber auch die Fähigkeit, mit unterschiedlichen Rollenerwartungen zurechtzukommen und sich in verschiedenen kulturellen und sozialen Umwelten zu bewegen sowie Anderen entsprechend zu begegnen.

Ebenso wichtig ist es, Verantwortung zu übernehmen und auch unter schwierigen Bedingungen konstruktiv denken und Entscheidungen treffen zu können. Darüber hinaus brauchen Jungen und Mädchen heute wohl auch ein gewisses Repertoire an Schutzmechanismen, wie z.B. die Fähigkeit, sich innerlich distanzieren zu können, sich vor gefährdenden Einflüssen zu schützen, Konflikte gewaltlos zu bewältigen.

Doch auch mit alldem wird die persönliche Entwicklung nur gelingen, wenn im pädagogischen Prozess auch das Versagen aller Beteiligten nicht unterschlagen wird. Der Theologe Hennig Luther formulierte (1992) diesen Gedanken drastisch:

> „Wir sind immer zugleich auch gleichsam Ruinen unserer Vergangenheit, Fragmente zerbrochener Hoffnungen, verronnener Lebenswünsche, verworfener Möglichkeiten, vertaner und verspielter Chancen. Wir sind Ruinen aufgrund unseres Versagens und unserer Schuld ebenso wie aufgrund zugefügter Verletzungen und erlittener und widerfahrener Verluste und Niederlagen. Dies ist der Schmerz des Fragments. Andererseits ist jede erreichte Stufe unserer Ich-Entwicklung immer nur ein Fragment aus Zukunft. Das Fragment trägt den Keim der Zeit in sich. Sein Wesen ist Sehnsucht. Es ist auf Zukunft aus."

Leben als Fragment enthält also den Gedanken der Schuld und der Unvollkommenheit.

Von daher geraten christliche Betreuung, Bildung und Erziehung in Widerspruch zu allen Konzepten, die sich vorrangig an Leistung und ihrer Steigerung, an Erfolg und Stärke orientieren. Versagen und Bruchstückhaftigkeit gehören zum Menschsein dazu und der Umgang damit ist durch Gottes Vergebung zu erkennen.

Christliche Bildung, Erziehung und Betreuung sind einem inklusiven Ziel verpflichtet und für sie wird es entscheidend sein, wie dies im Alltag und in den konkreten Reaktionen auf Versagen und Schwäche transparent wird. Sie sind dabei angewiesen auf Vergebung und Segen: Als Sehnsucht nämlich, über sich hinaus zu schreiten auf das hin, was wir auch sein können; als Hoffnung, dass alle vorfindliche Gebrochenheit menschlichen Lebens aufhebbar sein kann, und als Gewissheit, Grenzen überschreiten zu können.

Erzählen vom Zusammenleben der Menschen

Biblisches

1. *Wo zwei oder drei in meinem Namen versammelt sind, bin ich mitten unter ihnen.*

(Matthäus 18,20)

Nach neutestamentlichem Verständnis ist neues Leben ohne neues Zusammenleben undenkbar. Die Liebe Gottes führt sofort und unmittelbar in die Liebe zu Menschen. So vollzieht sich christliches Leben im Zusammenleben von Frauen und Männern, von Kindern und Erwachsenen, von Schwachen und Starken. Es geht dabei um die Kunst des gleichberechtigten Zusammenlebens von sehr verschiedenen Menschen. Menschen, die sich von Jesus Christus bewegen lassen, öffnen sich für andere, schenken sich gegenseitig und gemeinsam Lebensraum, Lebenskraft und Lebenssinn. Ihr Zusammenleben gründet in der Annahme der eigenen Person und des/der anderen als einzigartigem Geschöpf Gottes, ganz so, wie er oder wie sie ist. Ihr Tun und Handeln wird dadurch von Liebe bestimmt und durchbricht so den Kreislauf von Unterdrückung, Entfremdung und Gewalt.

2. *Wie der Körper eine Einheit ist und doch viele Glieder hat, alle seine Glieder aber die Einheit des Körpers ausmachen, so verhält es sich auch mit Christus. Wir alle sind durch den einen Geist zu einer leiblichen Einheit getauft worden, ob jüdische oder griechische Menschen, ob Unfreie oder Freie, und wir haben alle von derselben Quelle, dem Geist Gottes, zu trinken bekommen.*

(1. Korinther 12, 12-13)

Die Gemeinde in Korinth existiert durch eine lebendige Vielfalt ihrer Gemeindeglieder als Juden oder Griechen, als Sklaven oder Freie. In ihrer Verschiedenheit sind sie alle auf ein Zentrum hin, auf Christus hin orientiert. Die Taufe stiftet die Einheit der Verschiedenen.

Mit dem Ideal-Bild von dem einen Leib und seinen verschiedenen Gliedern beschreibt Paulus die neue christliche Gemeinschaft. Er macht damit deutlich:

Christliche Gemeinde lebt von Verschiedenheit.
So wie ein Körper Augen, Ohren, Mund und Hände hat, so wird die Einheit der Gemeinschaft von unterschiedlichen Menschen und ihrem Miteinander geprägt. Alle in ihrer Verschiedenheit und Vielfalt gehören zur Einheit und bilden gemeinsam Einheit (1. Korinther 12,15-16). Umgekehrt besteht die Einheit aus der Vielfalt: „*Wenn der ganze Körper Auge wäre, wo bleibt dann das Gehör?*" (1. Korinther 12,17).

Christliche Gemeinde lebt von Gleichwertigkeit.
Unterschiedliche Menschen leben gleichwertig neben- und miteinander in der Gemeinde. Es zählen nun nicht mehr äußere Faktoren, sozialer Status, Herkunft oder Beeinträchtigungen.

„Kein Glied am Organismus kann ausgegrenzt oder abgeschnitten werden, ohne dass der Körper verletzt wird und darunter leidet. Ausgrenzung ist für die Gemeinschaft funktions- und existenzgefährdend" (Schweiker): *„Vielmehr sind eben jene Glieder des Leibes, die uns am schwächsten erscheinen, umso wichtiger"* (1. Korinther 12,22)

Christliche Gemeinde lebt von Angewiesenheit.
Kein Glied am Körper kann unabhängig von den anderen existieren (1. Korinther 12,21). Jeder braucht jeden, jedes Glied ist notwendig (1. Korinther 12,22) und angewiesen auf den anderen/die anderen. So dient jedes Glied dem ganzen (*„zum Nutzen aller"* 1. Korinther 12,7) und ist unverzichtbar für die intakte Gemeinschaft. Alle kooperieren gleichberechtigt und gleichwertig miteinander, denn sie alle sorgen füreinander (1. Korinther 12,25).

„Die Gemeinschaft wird als eine organische Einheit betrachtet, die keine Aussonderung, Abspaltung oder Stigmatisierung verträgt. Wird ein Glied verletzt, wirkt es sich auf den ganzen Körper aus: Wenn ein Glied leidet, so leiden alle Glieder mit, und wenn ein Glied geehrt wird, so freuen sich alle Glieder mit […]. So entsteht *Solidarität in der Verschiedenheit.*" (Schweiker)

3. *Als Jesus an jenem Ort vorbeikam, sah er hinauf und sagte: „Zachäus, los, komm schnell herunter! Denn heute muss ich in deinem Haus einkehren." Er kam schnell herunter und nahm ihn mit Freuden auf. Und alle, die es sahen, murrten und sagten: Bei einem Sünder ist er eingekehrt, um Rast zu machen.*

(Lukas 19,5–7)

In der Tischgemeinschaft entwickelt Jesus ein Modell des Zusammenlebens, das von Offenheit und Gastfreundschaft gegenüber dem anderen geprägt ist. Die Einladung zur Tischgemeinschaft ist ein Zeichen gewährten Friedens, des Vertrauens und der Geschwisterlichkeit. Tischgemeinschaft ist Lebensgemeinschaft. Für Jesus war sie ein Zeichen für das Reich Gottes. So nimmt er sich der Menschen in Gottes Namen an, sagt ihnen die Gotteskindschaft zu und sieht in ihnen vollwertige Teilhabende der Gottesherrschaft.

Tischgemeinschaft enthält darüber hinaus das Moment der solidarischen Praxis, die eine Gruppe von Zuschauenden und Betreuten zu einer „Gemeinde der Beteiligten" werden lässt.

4. *Blinde sehen, Gelähmte gehen umher, Leprakranke werden rein und taube Menschen können hören. Tote werden auferweckt und Armen wird das Evangelium verkündet. Glücklich ist, wer nicht an mir Anstoß nimmt.*

(Matthäus 11,5–6)

In vielen Heilungsgeschichten von Menschen mit Behinderungen oder Krankheiten wendet sich Jesus ihnen, den Isolierten und sozial Ausgestoßenen, direkt zu. Er berührt sie und sucht ihre körperliche Nähe. Behinderung und Krankheit halten ihn davon nicht ab. Wenn Heilen meint, einem Menschen seine Würde zurück zu geben, ihn als Subjekt menschlicher Gemeinschaft ernst zu nehmen, so stellt die Berührung für beide Beteiligte spürbar und für die Öffentlichkeit sichtbar diese Annahme her.

Darum zeigt sich auch im Zusammenleben christliche Gemeinschaft im Dasein für- und miteinander. Sie achtet auf die Fähigkeiten und Begabungen. Das kostbare, verletzliche Leben eines Menschen ist der Maßstab allen Handelns. Der Horizont weitet sich vom eigenen kleinen Lebenskreis zur großen von Ungerechtigkeit und Unterdrückung gekennzeichneten Menschenwelt.

5. *Als Jesus ihren Glauben sieht, sagt er zu dem Gelähmten: „Kind, dir sind die Sünden vergeben." Es saßen dort aber einige Schriftgelehrte, die dachten bei sich: Wie kann der so reden! Er lästert Gott! Wer kann Sünden vergeben außer Gott? Sogleich merkte Jesus in welche Richtung ihre Gedanken gingen und sagte zu ihnen: „Wie könnt ihr so etwas bei euch denken? Was ist leichter? Zu einem Gelähmten zu sagen: Dir sind die Sünden vergeben, oder: Steh auf, nimm deine Schlafmatte und geh? Damit ihr aber wisst, dass der Menschensohn Vollmacht hat, auf Erden Sünden zu vergeben" – sagte er zu dem Gelähmten: „Ich sage dir: Steh auf, nimm deine Schlafmatte und geh nach Hause!*

(Markus 2,5–11)

In der Begegnung mit Jesus erfahren Menschen Vergebung. Vergebung nimmt Menschen an, wie sie sind und eröffnet ihnen zugleich ihre eigentliche Bestimmung: Geschöpfe Gottes zu sein. In den Heilungsgeschichten und in der Einladung zur Tischgemeinschaft verwirklicht Jesus somit den Willen Gottes. Vergebung befreit von einer Lebensweise, die nur um sich selbst kreist und sich nur auf sich selbst beziehen will. In der Begegnung mit Jesus wird den Menschen ein Neubeginn eröffnet, der die Isolation und Stigmatisierung innerhalb gesellschaftlicher Strukturen, ebenso aber auch die eingefahrenen Formen struktureller Gewalt beendet und als Integration oder als Miteinanderleben der Verschiedenen verstanden werden kann.

6. *Ihr seid das Salz der Erde. Wenn aber das Salz seine Kraft verliert, womit soll man dann salzen? Ihr seid das Licht der Welt. Niemand zündet ein Licht an,* *um es dann unter einen Krug zu stellen. So soll euer Licht leuchten vor den Menschen.*

(Matthäus 5,13–14)

Menschen können das Evangelium nicht aufnehmen ohne Bezug auf das Leben in der Gemeinschaft und Gesellschaft, die sie umgibt. Die Liebe, die sie in der Begegnung mit dem Gott der Bibel erfahren, muss in der konkreten Lebenswelt Gestalt annehmen.

Darum sind Christinnen und Christen berufen und beauftragt, im Eintreten für Frieden, Gerechtigkeit und Bewahrung der Schöpfung schon jetzt zu verwirklichen, was sie vom Reich Gottes erleben, erhoffen und erwarten.

7. *Petrus sagte zu ihnen: „Ihr wisst, wie ungehörig es für einen jüdischen Menschen ist, mit einem Fremden aus einem anderen Volk zu verkehren oder gar in sein Haus zu gehen. Mir aber hat Gott gezeigt, dass man niemanden als abscheulich oder unrein ansehen darf."*

(Apostelgeschichte 10,28)

Diese Erkenntnis entspringt der im 10. Kapitel der Apostelgeschichte geschilderten Erfahrung, dass Gottes Geist Petrus dazu bewegt, sich von den Angehörigen der anderen Religion einladen zu lassen und mit ihnen Tischgemeinschaft zu halten, obwohl das den damaligen Regeln widersprach.

Auch darüber hinaus gilt die praktizierte Gastfreundschaft als eine christliche Grundform im mitmenschlichen Umgang: Sie ist eine offene Tür für jede und jeden, der sie sucht (Römer 12,13; 1. Petrus 4,9; Hebräer 13,2; Matthäus 25,35.38.43f.). In diesem Sinne kann die gegenseitige Einladung und Gastfreundschaft zum Modell des religiösen Miteinanders werden. Dass Christinnen und Christen auf Menschen zugehen, die ihnen religiös fremd sind, führt zum Dialog mit den Angehörigen anderer Religionen. Das hat die eigene Botschaft beeinflusst und ihr jene Weite und vielfältige Gestalt verliehen, in der das Christentum zu einer Weltreligion werden konnte.

Dabei erleben wir immer wieder neu, dass die gegenseitige Einladung der Religionen nicht ohne Spannungen verläuft. So bewegen sich Christinnen und Christen in der Spannung zwischen der Notwendigkeit des eigenen Zeugnisses und Bekenntnisses zu ihrem Gott und dem Wissen, dass Gott auch in anderen Religionen am Werk ist. Diese Spannung gilt es immer erneut auszuhalten. Sie wird zur Bedingung für jedes gemeinsame Leben in Gottes Schöpfung und eröffnet ein konstruktives Zusammenleben der Religionen und Kulturen.

8. *Jesus war müde von der Wanderung und setzte sich deshalb an den Brunnen. Da kam eine Frau aus Samaria, um Wasser zu schöpfen. Jesus sagte zu ihr: „Gib mir zu trinken!" Die Frau aus Samaria nun sagte zu ihm: „Wie kannst du, ein Jude, von mir, einer samaritanischen Frau, zu trinken verlangen?" Jüdische und samaritanische Menschen haben nämlich keine Gemeinschaft miteinander.*

(Johannes 4,6–8)

Jesus hat sich von religiösen Grenzen nicht abschrecken lassen. Er sucht die Begegnung mit allen Menschen. In diesem Sinne kann die gegenseitige Einladung der Religionen zum Modell eines interreligiösen Miteinanders werden. Denn im Alltag der Gemeinden ist die religiöse und kulturelle Vielfalt oft in unterschiedlicher Weise lebendig.

Dabei liegen die Verwurzelung und Beheimatung in den eigenen religiösen Traditionen, die Entdeckung der eigenen Mitte des Glaubens und das gelten Lassen des Anderen und Fremden dicht beieinander und bereichern in vielfacher Weise die gegenseitige Einladung.

Die Liebe Gottes zu den Menschen jenseits aller sprachlichen, kulturellen und auch religiösen Grenzen will uns zu einer Haltung, einem Umgang und einer Einstellung führen, die von beidem getragen wird: dem Wissen um die bestehenden Unterschiede und der Achtung und dem Respekt vor dem anderen Menschen mit seiner Kultur und seiner Religion.

9. *Lebt so, dass ihr für niemanden ein Glaubenshindernis seid, weder für Juden, noch für Nichtjuden, noch für die Gemeinde Gottes.*

(1. Korinther 10,32)

Fundamentalistisch geprägte Positionen weichen der unter 8. angeführten Spannung aus und betonen einen Absolutheitsanspruch der eigenen Wahrheit. Sie schließen damit Denkwege und Wahrnehmungen aus, die Gott auch in anderen Religionen am Werk sehen. Die jeweils andere Religion wird mit ihrer Suche nach der Wahrheit nicht ernst genommen. Dagegen wird im Neuen Testament grundsätzlich von der Rücksichtnahme auf die anderen her gedacht. Jesu Praxis der Begegnung mit Fremden aller Art macht überdies deutlich, dass Einladung und Gespräch, nicht aber Abgrenzung und Überheblichkeit gefordert sind.

Anregungen zum Gespräch

› Treffen die ausgewählten Bibeltexte Ihr Verständnis vom Zusammenleben der Menschen? Welche anderen Texte sind für Ihren Glauben wichtig?

› Vollenden Sie folgende Satzanfänge:

„Das Zusammenleben von Menschen kann gelingen, wenn…"
„Das Zusammenleben von Menschen scheitert, wenn…"
„Was im Zusammenleben letztlich zählt, ist…"

› Welchen Sätzen über das Zusammenleben von Menschen können Sie aufgrund Ihrer Erfahrungen zustimmen?

„Hauptsache, man lässt sich selbst nichts zuschulden kommen."
„Man muss sich nach den Gesetzen richten."
„Du sollst deinen Nächsten lieben wie dich selbst."
„Gut ist nur das, was auch anderen nützt."
„Jeder sollte tun und lassen können, was er oder sie will."
„Man muss tun, was das Gewissen sagt."
„Jeder ist sich selbst der Nächste."
„Es gibt nichts Gutes, außer man tut es."

› Was empfinden Sie bei folgenden Aussagen?

„Ich kann und will Verantwortung tragen."
„Ich verletze oder versage."

Versuchen Sie, diese Aussagen mit Ihren Bildern vom Zusammenleben von Menschen zu verbinden.

Pädagogische Zuspitzungen

Kinder wie Erwachsene sind immer auch eingebunden in eine Gemeinschaft von Menschen. Infolge der veränderten Strukturen von Erwerbstätigkeit erleben Mädchen und Jungen heute eine höhere geographische Mobilität und erfahren zunehmend kulturelle und religiöse Vielfalt. Dadurch verändern sich die sie umgebenden sozialen Netze ebenso wie das Leben der einzelnen Familien.

Für christliche Bildung und Erziehung ist es daher besonders wichtig, dass Jungen und Mädchen ein Grundvertrauen in Gott entwickeln, das sie im Bewusstsein der eigenen Stärken und Schwächen Sicherheit und Halt finden lässt.

Dabei spielen Gemeinden und andere Gemeinschaften, die ihr Zusammenleben so gestalten, dass es dem Reden und Handeln Jesu entspricht, eine besondere Rolle.

Hier werden die Annahme der je eigenen Person und der jeweiligen Persönlichkeit der anderen, Offenheit und Gastfreundschaft, Bereitschaft zu Vergebung und

Neuanfang nicht nur als Werte vermittelt, sondern – in aller menschlichen Unvollkommenheit – auch gelebt. So entstehen Lernorte, die Kindern und Erwachsenen Orientierung und Raum für ihr Miteinander geben.

„Gemeinsam leben und glauben lernen" ist in der christlichen Erziehung von großem Wert. Im Dialog mit Gleichaltrigen, der neben der Auseinandersetzung mit den Erwachsenen eine zentrale Rolle spielt, zielt sie darauf, dass Jungen und Mädchen

- den Umgang miteinander einüben
- das Vorhandensein anderer und deren Wünsche wahrnehmen und sich mit deren Verhalten auseinander setzen
- sich behaupten oder zurückstehen
- andere für etwas gewinnen
- eine gewisse Zeit zuhören können
- sich mit anderen streiten und mit ihnen verständigen.

Dieser Dialog fördert die eigene Absicherung, Behauptung, Abgrenzung, Kommunikation.

Erzählen vom Sinn des Lebens

Biblisches

1. *Als Jesus die vielen Menschen sah, stieg er auf den Berg. Als er sich gesetzt hatte, kamen seine Jünger zu ihm. Und er begann sie zu lehren:*
Selig sind die, die arm sind vor Gott - ihnen gehört das Himmelreich.
Selig sind die Trauernden – sie werden getröstet werden.
Selig sind die Sanftmütigen – sie werden das Land erben.
Selig sind die, die hungern und dürsten nach der Gerechtigkeit – sie werden satt werden.
Selig sind die Barmherzigen – sie werden Barmherzigkeit erfahren.
Selig sind die, die reinen Herzens sind – sie werden Gott sehen.
Selig sind die, die Frieden stiften – sie werden Töchter und Söhne Gottes genannt werden.
Selig sind die, die um der Gerechtigkeit willen verfolgt werden – ihnen gehört Gottes Welt.
Selig seid ihr, wenn sie euch um meinetwillen beschimpfen und verfolgen und verleumden – euer Lohn ist bei Gott groß.

(Matthäus 5,1-10)

Was ein erfülltes Leben ist, können wir am Leben Jesu sehen.
Er lebte im Einklang mit Gott, mit der Schöpfung und mit sich selbst und war so sicher einer der „glücklichsten Menschen auf Erden" (Dorothee Sölle). Es gelang ihm, andere mit seinem Glück anzustecken. Er gab seine Kraft weiter und verschenkte, was er hatte. Menschen, die ihm begegnen, erleben Glück, Anerkennung und uneingeschränkte Wertschätzung. Das erfüllt sie und verändert ihre Lebensperspektiven. Das individuelle „Glück" und das Lebensprojekt des Einzelnen sind abhängig von der Gemeinschaft mit Gott und mit anderen Menschen.

2. *Gott hat dir gesagt, Mensch, was gut ist, und was er von dir fordert: nichts andres als Gerechtigkeit tun und Güte lieben und im Einklang mit deinem Gott zu leben.*

(Micha 6,8)

Geglücktes Leben wird beschrieben als Gerechtigkeit und Liebe und als ein unterwegs Sein mit Gott. Im Tun, nicht in der gedanklichen Abstraktion, ereignet sich Leben. So ist die christliche Religion eine WegReligion. Auch sinnvolles, glückliches, heilvolles Leben ist etwas Dynamisches. Es ist etwas, das wir immer wieder finden können, etwas Geschenktes, das doch nicht zum Dauerzustand, zum Besitzstand werden kann.

3. *Stückwerk ist unser Erkennen und Stückwerk unser prophetisches Reden. Wenn aber das Vollkommene kommt, dann wird das Stückwerk aufhören.*

(1. Korinther 13,9-10)

Leben vollzieht sich also im Werden, im unterwegs Sein. Und gelungenes Leben bleibt als Vision das Ziel: „Dass also dieses Leben nicht ist eine Frömmigkeit, sondern ein Frommwerden, nicht eine Gesundheit, sondern ein Gesundwerden, nicht ein Wesen, sondern ein Werden, nicht eine Ruhe, sondern eine Übung, wir sind's noch nicht, wir werden's aber. Es ist noch nicht getan und geschehen, es ist aber im Gang und Schwang. Es ist nicht das Ende, es ist aber der Weg, es glüht und glitzert noch nicht alles, es fegt (reinigt) sich aber alles." (Martin Luther)

4. *Und er zeigte mir einen Fluss lebendigen Wassers, herrlich wie Kristall, aus dem Thron Gottes und des Lammes hervor strömend. In der Mitte der Straße, diesseits und jenseits des Flusses: Baum des Lebens, zwölfmal im Jahr Früchte bringend [...] Der Thron Gottes und des Lammes wird in der Stadt sein, und alle ihre Bewohner werden Gott dienen und ihn anbeten. Sie werden sein Angesicht sehen und werden seinen Namen auf ihrer Stirn tragen. Nacht wird nicht mehr sein, und sie brauchen weder das Licht einer Lampe noch das Licht der*

Sonne, denn Gott selbst wird über ihnen leuchten. Und zusammen mit ihm werden sie für immer und ewig regieren.

(Offenbarung des Johannes 22,1-5)

Christliches Leben hält die Träume vom guten Ausgang des Lebens wach. Es singt das Lied der Sehnsucht von der Stadt, in der der Tod für immer vernichtet ist und Tränen getrocknet werden; von der Zeit, in der die Augen der Blinden aufgetan und die Ohren der Tauben geöffnet, in der die Lahmen springen und die Zunge der Stummen frohlocken werden; von dem Land, in dem Wasserströme in der Wüste hervorbrechen und von dessen Früchten alle Bewohner satt werden.

Christliches Leben heißt auf dem Weg sein. Wanderschaft lebt von der Ankündigung einer neuen Existenz, die freilich noch aussteht, die sich aber bereits dadurch bemerkbar macht, dass sie die Menschen in sich, in diese ihre Zukunft hineinreißt.

„Leben gelingt, wenn mich im Stehen nicht schon mögliches Fallen ängstigt und wenn im Fallen nicht alle Hoffnung auf neues Stehen versiegt. Dann kann aus Fallen Stehen werden." (Dietrich Zillessen)

Anregungen zum Gespräch

› Treffen die ausgewählten Bibeltexte Ihr Verständnis vom Sinn des Lebens? Welche anderen Texte sind für Ihren Glauben wichtig?

› Vollenden Sie folgende Satzanfänge:

„Der Sinn des Lebens ist für mich…"

„Im Leben kommt es darauf an, dass…"

› Welchen Sätzen über den Sinn des Lebens können Sie aufgrund Ihrer Erfahrungen zustimmen?

„Jeder ist seines Glückes Schmied."

„Ich bin wie ich bin: unvollkommen. Und ich weiß: Alle anderen sind es auch."

„Ich kann mich bessern wollen, mich dabei kräftig anstrengen. Wenn ich dann trotzdem immer wieder hinter meinen eigenen Ansprüchen zurückbleibe, brauche ich nicht zu resignieren."

› Was empfinden Sie bei folgenden Aussagen?

„Was ich mache, kann sich sehen lassen."

„Ich traue mir nichts zu."

„Ich weiß, wer ich bin."

„Ich bin mir fremd."

„Ich lasse mich auf Liebe ein."
„Ich halte Abstand."
„Ich hinterlasse Spuren."
„Ich trete auf der Stelle."
Welches sind Ihre Bilder vom Sinn des Lebens?
Versuchen Sie, diese mit den Aussagen zu verbinden.

Pädagogische Zuspitzungen

Glaube und Religion sind keine konstanten Größen, die sich, einmal formuliert, gleich bleibend in allen Wechselfällen des Lebens durchhalten, sondern sie haben ihre eigene Geschichte, entwickeln und verändern sich.

Die religiöse Entwicklung verläuft dabei eher wechselhaft. Besonders in Krisensituationen und an Höhepunkten des Lebens, in der Erfahrung von Freundschaft und ihrem Auseinanderbrechen, in Zeiten der Krankheit, im Erleben von Geburten und der Begegnung mit dem Tod, im Schock über gewalttätige und katastrophale Ereignisse oder bei der Entdeckung von Ungerechtigkeit und Leid in unserer Welt wird Selbstverständliches und sicher Gemeintes erneut fraglich. Solche Übergänge im Leben des Einzelnen sind religiös bedeutsam.

Religiöse Bildung und Erziehung wird Jungen und Mädchen in diesem Prozess der Veränderung begleiten, ihre Wahrnehmung stärken und ihren Erfahrungen Form und Inhalt anbieten. Rituale und Spiel können die Unterbrechung gestalten. Sie sollen weniger bloße Anpassung und Stabilisierung provozieren, sondern eher die Nachdenklichkeit fördern und zu neuen Antworten und Übergangsformen anleiten.

Leben kann gelingen, wenn das Vertrauen in die eigenen Stärken auch angesichts von Grenzen entwickelt wird und Mädchen und Jungen so zu einem positiven Selbstkonzept finden.

So vertraut religiöse Erziehung der Kraft des jeweiligen Kindes, seinen Stärken und seinem Vertrauen in sich selbst. Trotz Krisen und Erschütterungen sorgen Kinder für Glück und Wohlbefinden für sich selbst wie für andere.

Das lässt uns Erwachsene staunen und bescheidener werden und der vermeintlichen Machbarkeit von Erziehung widerstehen.

Christliche Erziehung kann dabei in Anlehnung an die Seligpreisungen im Evangelium nach Matthäus (Kapitel 5)

- Mädchen und Jungen die Angst nehmen, den Erwartungen und Anforderungen, die sie spüren, nicht entsprechen zu können

- Kindern Mut machen, sich selbst und die anderen so zu nehmen wie sie sind
- Jungen und Mädchen helfen, leidensfähig zu bleiben und mitleiden zu können, das Leid als Lebenserfahrung aushalten zu können
- Kinder ermutigen, mit Gottes guter Schöpfung, ihren Pflanzen, Tieren und Menschen behutsam und respektvoll umzugehen
- in Mädchen und Jungen die Sehnsucht nach Gerechtigkeit pflanzen und sie unterstützen, ihrem eigenen Gespür zu trauen
- Kinder Liebe erfahren lassen, die bereit macht für den anderen
- Jungen und Mädchen ermutigen, offen zu bleiben für gute Erfahrungen mit Menschen
- Kinder anstecken, an einer Welt mitzubauen, in der Frieden ist und Schalom bewahrt wird
- in Mädchen und Jungen Hoffnung pflanzen, dass ihre Sehnsucht nach Gerechtigkeit von Gott gestärkt und getragen wird.

Solche Ideen und guten Absichten zeigen Wirkung, wenn wir Erwachsenen uns von den Kindern anstecken lassen und gemeinsam mit ihnen Leben gestalten.

Qualität entwickeln

Wir orientieren uns in der Qualitätsentwicklung an fünf **Ebenen** der Interaktion und Kommunikation.

Sie werden differenziert in vier **Aspekte**: allgemein religiöse, spezifisch christliche, gemeindepädagogische und interreligiöse.

Sie werden entfaltet in acht **Grundmerkmalen**, die die biblisch-theologischen Grundorientierungen des ersten Teils aufnehmen und weiterführen.

Fünf Ebenen – Vier Aspekte – Acht Grundmerkmale

I. Ebene der Mädchen und Jungen

A) Aspekt der religiösen Dimension der Erziehung…

B) Aspekt der Begegnung mit christlichen Inhalten…

C) Aspekt der gemeinsamen Profilentwicklung von Kindertageseinrichtung und Kirchengemeinde…

D) Aspekt des interreligiösen Miteinanders…

…. entfaltet in den Qualitätsfragen zu den acht Grundmerkmalen

II. Ebene der Kooperation mit den Eltern

A) Aspekt der religiösen Dimension der Erziehung…

B) Aspekt der Begegnung mit christlichen Inhalten…

C) Aspekt der gemeinsamen Profilentwicklung von Kindertageseinrichtung und Kirchengemeinde…

D) Aspekt des interreligiösen Miteinanders…

…. entfaltet in den Qualitätsfragen zu den acht Grundmerkmalen

III. Ebene der Kollegialität unter den Mitarbeitenden

A) Aspekt der religiösen Dimension der Erziehung…

B) Aspekt der Begegnung mit christlichen Inhalten…

C) Aspekt der gemeinsamen Profilentwicklung von Kindertageseinrichtung und Kirchengemeinde…

D) Aspekt des interreligiösen Miteinanders…

… entfaltet in den Qualitätsfragen zu den acht Grundmerkmalen

IV. Ebene der Träger

A) Aspekt der religiösen Dimension der Erziehung…

B) Aspekt der Begegnung mit christlichen Inhalten…

C) Aspekt der gemeinsamen Profilentwicklung von Kindertageseinrichtung und Kirchengemeinde…

D) Aspekt des interreligiösen Miteinanders…

… entfaltet in den Qualitätsfragen zu den acht Grundmerkmalen

V. Ebene der Gesellschaft

A) Aspekt der religiösen Dimension der Erziehung…

B) Aspekt der Begegnung mit christlichen Inhalten…

C) Aspekt der gemeinsamen Profilentwicklung von Kindertageseinrichtung und Kirchengemeinde…

D) Aspekt des interreligiösen Miteinanders…

… entfaltet in den Qualitätsfragen zu den acht Grundmerkmalen

Hinweise zu den Ebenen (I–V)

I. Ebene der Mädchen und Jungen

Erziehung und Bildung brauchen Betreuung. Betreuung ist viel mehr als bloße Aufbewahrung. Sie schenkt den Mädchen und Jungen grundlegende Erfahrungen der Verlässlichkeit ihrer Bindungspersonen. Betreuung ermöglicht die Aufnahme von Beziehung zu weiteren Bindungspersonen und ist so Grundlage aller Erziehungs- und Bildungsprozesse.

Mädchen und Jungen erfahren ganzheitliche Erziehung auf der Grundlage vielfältiger Beziehungen. Sie erschließen sich eigenständig Zugänge zu ihrer Lebenswelt, nehmen Anregungen auf und sind so Ko-Konstrukteure ihrer Bildung.

II. Ebene der Kooperation mit den Eltern

Eltern und Kindertageseinrichtungen sind Erziehungspartner und teilen sich die Verantwortung für die Betreuung, Erziehung und Bildung der Mädchen und Jungen. Gelingende Erziehungspartnerschaft braucht Vertrauen, Kommunikation und Partizipation.

III. Ebene der Kollegialität unter den Mitarbeitenden

Mädchen und Jungen orientieren sich an ihren Bezugspersonen und deren Haltungen. Sie lernen soziales Handeln auch am Beispiel des Miteinanders aller Mitarbeitenden in den Tageseinrichtungen. So nehmen die Qualitätsfragen die persönliche Haltung und das Verhalten der Mitarbeitenden in den Blick

IV. Ebene der Träger

Träger in ihren vielfältigen Trägerstrukturen tragen Verantwortung für die Qualität der Tageseinrichtungen.

Die Verankerung der Arbeit der Kindertageseinrichtung im Selbstverständnis der Kirchengemeinde gilt es beizubehalten und weiterzuentwickeln. In Trägerverbünden und diakonischen Trägerschaften sind Zuständigkeiten der Kirchengemeinden zu klären.

V. Ebene der Gesellschaft

Die pädagogische Arbeit der Tageseinrichtung geschieht im gesellschaftlichen, politischen und sozialräumlichen Umfeld.

Daraus ergeben sich wesentliche Herausforderungen, Möglichkeiten und Chancen für die Aktivitäten der Tageseinrichtung für Kinder.

Hinweise zu den Aspekten (A-D)

Bei jedem dieser Aspekte geht es darum, wie religiöse Bezüge im alltäglichen Leben vorkommen. Es ist das Markenzeichen einer evangelischen Tageseinrichtung für Kinder, dass pädagogisches Handeln und religiöse Praxis nicht voneinander getrennt sind, sondern sich wechselseitig bereichern.

A Aspekt der religiösen Dimension der Erziehung

Ein erster Aspekt beleuchtet Religiosität in einem umfassenden Sinn. Diese beschränkt sich nicht auf christlich geprägte Frömmigkeit. Sie macht im alltäglichen Geschehen aufmerksam auf das Fragen und Suchen nach dem Sinn des Lebens und unserer Welt.

Eine religiöse Grundhaltung im Sinne der acht Grundmerkmale bestimmt die alltäglichen Vollzüge mit und prägt die Ausrichtung und Atmosphäre der Einrichtung.

B Aspekt der Begegnung mit christlichen Inhalten

Ein zweiter Aspekt gilt dem Umgang mit biblisch-christlicher Überlieferung. Hier geht es um das individuelle Aneignen von christlichen Traditionen. Zum Profil einer evangelischen Einrichtung gehört, dass evangelischer Glaube in seiner Bedeutung für das Leben erfahrbar wird. Damit eröffnen sich Ausblicke auf Inhalte, Lebensweisen und Haltungen christlichen Glaubens.

C Aspekt der gemeinsamen Profilentwicklung von Kindertageseinrichtung und Kirchengemeinde

Ein dritter Aspekt erkundet die Einbindung der Kindertageseinrichtung in die Kirchengemeinde, auch wenn die Trägerstrukturen in Verbünden oder überregional organisiert sind.

Die Vielfalt der Kirchengemeinde mit ihren Angeboten und Aktivitäten für unterschiedliche Generationen gibt Kindern und Eltern Anregungen und Möglichkeiten, Erfahrungen mit Religiosität und christlichem Glauben zu machen.

Mädchen und Jungen können entdecken, dass religiöse Bezüge auch anderen Menschen wichtig sind. Sie können wahrnehmen, wie auch andere Menschen ihren Glauben zum Ausdruck bringen.

D Aspekt des interreligiösen Miteinanders

Ein vierter Aspekt nimmt die Aufgabe der interreligiösen Erziehung in den Blick. Qualitätsmerkmale einer evangelischen Einrichtung haben sich an der Vielfalt der durch die Mädchen und Jungen und ihre Eltern repräsentierten Religionen und Überzeugungen zu bewähren. Im alltäglichen Zusammenleben mit Mädchen und Jungen anderer religiöser Traditionen bzw. ohne religiöse Bindungen geschieht interreligiöses Lernen.

Es gilt Gemeinsamkeiten zwischen verschiedenen religiösen Traditionen wahrzunehmen, genauso wie Andersartigkeit und Fremdheit und dabei einen Umgang mit weltanschaulicher Pluralität einzuüben, der von Akzeptanz, Einfühlungsvermögen und Interesse geleitet ist.

Hinweise zu den Grundmerkmalen (1-8) und leitenden pädagogischen Ansätzen

Die Grundmerkmale einer evangelischen Kindertageseinrichtung sind aus den vorangegangenen elementaren biblischen Aussagen und Überzeugungen gewonnen und bilden den Ursprung aller weiteren Qualitätsfragen. Sie nehmen die biblisch-theologischen Grundorientierungen auf und setzen sie in Beziehung zu pädagogischen Herausforderungen und Intentionen.

1. Grundvertrauen
2. Selbständigkeit
3. Verantwortungsbewusstsein
4. Mit Grenzen leben - Schuld und Vergebung
5. Neugier
6. Sinn für Geheimnisvolles
7. Phantasie und Kreativität
8. Hoffnung

In diesen **Grundmerkmalen** kommen folgende leitende pädagogische Ansätze zum Tragen:

- **Auf dem Weg zur eigenen Identität (Grundvertrauen, Selbständigkeit):**

  Die nicht nur für die ersten Lebensjahre bedeutsame Bindungsforschung hebt den Zusammenhang von Sicherheitsbedürfnis und eigenständigen Aktivitäten, von *Vertrauen* und *Selbständigkeit* hervor. Mädchen und Jungen suchen Geborgenheit und auch ihre eigenen Wege.

- **Auf dem Weg zu einem gelingenden Miteinander (Verantwortungsbewusstsein, Mit Grenzen leben - Schuld und Vergebung)**

  Menschliches Leben gedeiht in Beziehungen und braucht Regeln, die ein lebensförderliches Zusammenleben ermöglichen. Entgegen einer vertikalen Autoritätsmoral setzt eine horizontale ethische Bildung auf das Einfühlungsvermögen in die Bedürfnisse anderer, aus der sich Bereitschaft zur Übernahme von *Verantwortung* entwickeln kann. Dazu gehört auch das Anerkennen eigener Unvollkommenheit und *Grenzen*, das Konfliktsituationen zum ehrlichen Ringen um Lösungen werden lässt, die möglichst allen gerecht werden.

- **Auf dem Weg des selbständigen Forschens und Entdeckens (Neugier, Sinn für Geheimnisvolles)**

  Schon vor über hundert Jahren hat Maria Montessori die kindliche *Neugier* als Triebfeder des Erkundens der umgebenden Wirklichkeit beschrieben und wird darin durch aktuelle Befunde der Hirnforschung bestätigt. Solche *Neugier* macht an den Grenzen der sichtbaren Welt nicht halt, sondern drängt im Philosophieren und Theologisieren weiter zu den großen Fragen, mit denen die Menschen seit alters her die *Geheimnisse* unserer Welt und unseres Lebens umkreisen.

- **Auf dem Weg zu tragfähigen und zukunftsweisenden Bildern von der Welt (Phantasie und Kreativität, Hoffnung)**

  Mädchen und Jungen brauchen Bilder einer Welt, in der es sich zu leben lohnt. Aus unzähligen Wahrnehmungen und Eindrücken formen sie mit der Kraft ihrer *Phantasie* und mit *kreativen* Ideen ihre Sicht der Dinge. In „100 Sprachen" (Malaguzzi), formen sie Bilder einer verlässlichen Welt. Solche Zusammenschau ist perspektivisch. Sie weist in die Zukunft mit Bildern und Erwartungen, Träumen und *Hoffnungen*, die über die Kindheit hinausweisen.

Die acht Grundmerkmale führen diese Sicht des Kindes und seiner Lebensaufgaben weiter und verbinden sie mit den theologischen Bezügen – ohne den Anspruch, alles hierzu Bedenkenswerte zu erfassen. Sie laden vielmehr dazu ein, die acht Grundmerkmale mit eigenen Leitgedanken und –begriffen zu bereichern, sei es jeweils zu den benannten vier Themenkreisen samt ihrer biblisch-theologischen Relevanz, sei es mit weiteren Themen wie z.B. Liebe und Leid, Lebensfreude und Lebenskunst usw.

1. Grundvertrauen

Sichere Bindungen am Anfang des Lebens ermöglichen grundlegendes Vertrauen zu sich selbst, zu anderen Menschen und zur umgebenden Welt. Das ist die Bedingung für eine offene Zuwendung zur umgebenden Wirklichkeit. Das Bedürfnis nach solchem Vertrauen treibt über menschliche Beziehungen hinaus. Menschen suchen es in der Vielfalt religiöser Traditionen und spiritueller Angebote.

Vertrauen auf Gott wurzelt wesentlich in frühen Bindungserfahrungen. Es zieht sich als roter Faden durch die Bibel. Beziehung zu Gott ist von dem Vertrauen bestimmt, dass Gott Menschen begleitet und ihnen Raum zum Leben gewährt. Gerade in schwierigen Situationen, angesichts schlimmer Ereignisse und offener Fragen kann solches Vertrauen eine Hilfe sein.

2. Selbständigkeit

Jeder Mensch ist ein einmaliges und unverwechselbares Individuum, mit seiner je eigenen Lern- und Lebensgeschichte, mit seinen besonderen Gaben und Fähigkeiten, mit Beeinträchtigungen, Eigenarten und Grenzen. Selbstkompetenz weckt Freude an der Entfaltung dieses Reichtums. Dazu gehört, solche Selbstentfaltung mit den entsprechenden Rechten anderer Menschen in Einklang zu bringen und sich gegenseitig Achtung und Anerkennung zuteil werden zu lassen.

Christlicher Glaube betont in evangelischer Tradition solche Wertschätzung menschlicher Eigenständigkeit und Individualität. Er stellt sich damit Tendenzen entgegen, Menschen zu normieren und in vorgegebene Lern- und Lebensvollzüge zu zwängen.

3. Verantwortungsbewusstsein

Zusammenleben in der Gemeinschaft alles Lebendigen erfordert die Bereitschaft, den eigenen Beitrag zu dessen Gelingen zu leisten. Schon früh entwickelt sich Mitgefühl. Mit der Empathiefähigkeit wird das gemeinsame Vereinbaren von Regeln des Zusammenlebens möglich, das allen gerecht werden will. Zur Orientierung an dem, was dem Leben Wert und Würde gibt, leisten Mädchen und Jungen so ihren Beitrag dazu.

Nach biblischem Verständnis sind eigene Gestaltungsfreiheit und Orientierung an den Rechten anderer eng miteinander verbunden. Mit seinem Schatz an Geschichten, v.a. mit den Geboten in ihrer reichen Auslegungstradition, betont christlicher Glaube den Zusammenhang von Selbst- und Nächstenliebe. Er zeigt klare Vorstellungen vom Wert des menschlichen Lebens und der ganzen Schöpfung Gottes. Christlicher Glaube kann so dem zu fördernden Verantwortungsbewusstsein, das sich deutlich von der Tradition einer einseitig moralisierenden Bibelauslegung abhebt, wichtige Impulse geben.

4. Mit Grenzen leben – Schuld und Vergebung

Einseitige Leistungsorientierung und Zielvorstellungen menschlicher Vollkommenheit blenden die Erfahrungen von Versagen und Verfehlungen aus, die auch zum menschlichen Leben dazugehören. Zusammenleben gelingt nur mit dem Annehmen der eigenen Grenzen, der Brüchigkeit der eigenen Identität, der unvermeidlichen Fehlentscheidungen, die ihre Kreise ziehen. Ehrlicher Umgang mit den eigenen Verfehlungen braucht das Vertrauen darauf, dass Verzeihen und Neuanfang immer wieder geschehen werden.

Die biblische Sicht auf die menschliche Existenz bezieht die Schattenseiten und das Bruchstückhafte des Lebens ein. Die Bibel erzählt, wie Ich-Sucht und Blindheit für die Bedürfnisse anderer wie auch das Nichtachten auf sich selbst immer wieder Unheil bringen. Sie betont, dass aus der stärkenden Beziehung zu Gott immer wieder Vergebung und Neuanfang geschehen können.

5. Neugier

Neugier ermöglicht wirkungsvolle Lernprozesse und fördert das Erkunden der umgebenden Wirklichkeit mit ihren Strukturen, Zusammenhängen und Gesetzmäßigkeiten. Mädchen und Jungen betätigen sich als Forscherinnen und Forscher, indem sie als Ko-Konstrukteure Anregungen aufnehmen und mit ihrer Sicht auf die Welt zu für sie tragfähigen Deutungen finden. Im eigenen Beobachten und Nachdenken blühen ihre Fragen, Aufgabenstellungen und Projekte auf. In Verbindung mit der Verantwortung gegenüber allem Lebenden ermöglicht das sichere Orientierung und Handlungsfähigkeit in der umgebenden Welt.

In der Bibel ist viel von einer positiven Sicht der Neugier zu spüren: So werden im biblischen Schöpfungsbericht die Menschen von Gott beauftragt, sich die Welt anzueignen und damit auch ihre oft so rätselhaften Zusammenhänge zu erforschen. Tabuisierungen, auch aus religiösen Gründen, verlieren ihr Recht. Jesus lud Menschen voller Erwartung und Neugier auf einen Entdeckungsweg mit ihm ein. Auf diesem überlieferten Weg der Nachfolge wird seine Botschaft anschaulich und verständlich, die dann seit Ostern ihre weiteren Kreise zieht.

6. Sinn für Geheimnisvolles

Menschliches Erleben und Verstehen stößt immer wieder an Grenzen. Hinter gefundenen Antworten tun sich neue Fragen auf. Nachdenken über das Sichtbare drängt weiter zum Unsichtbaren. Als philosophierende und theologisierende Menschen rühren Mädchen und Jungen mit ihren Fragen und tief schürfendem Bedenken an die unauflösbaren Fragen und Geheimnisse und zeigen ihre wache Zuwendung zur Welt. Fragen nach dem Woher und Wohin von Allem weisen uns darauf hin, dass wir über unser Leben und unsere Welt nicht verfügen. Das führt zu einer Haltung des Staunens und des dankbaren Annehmens all der Gegebenheiten, die uns das Leben ermöglichen.

Die Bibel erzählt, wie Menschen in unterschiedlichsten Lebenssituationen Gottes Zuwendung und Nähe erfahren konnten. Sie betont auch Gottes Unzugänglichkeit und Geheimnis. Bilder von Gott bleiben als Hilfsvorstellungen jeweils hinter der Wirklichkeit Gottes zurück. Gott als Ursprung unserer Welt bleibt unserem Zugriff entzogen. Vor allem die Fragen nach Leid und Tod finden keine endgültige Antwort und stehen hart neben den Erfahrungen von Gottes Liebe.

7. Phantasie und Kreativität

Im Erkunden ihrer Welt im Suchen nach plausiblen Erklärungen zeigen Mädchen und Jungen viel Ideenreichtum und Phantasie und finden so zu ordnenden und

Sicherheit vermittelnden Bildern von der Welt. Konstruktiven Ausdruck finden diese im kreativen Gestalten, in dem sich der Blick auch in die Zukunft richtet: Mögliches wird wirklich, Ideen werden in – oft auch ungewohnten und verblüffenden – Einfällen konkret. Das geschieht vor allem durch symbolische Repräsentation in Dingen, Zeichen, Bildern und Tönen, in den „100 Sprachen des Kindes". Festgefahrenes löst sich in neue Perspektiven auf, Potenziale, die in ihnen stecken, werden sichtbar.

Nach biblischem Verständnis beteiligt Gott uns Menschen am andauernden Schöpfungswerk. Gottes schöpferischer Geist zeigt sich im Aufbruch zu neuen Sichtweisen und Zielen, um mit Ideenreichtum, Mut und Entschlossenheit, die Welt zu gestalten.

In diesem Sinne entwickeln Mädchen und Jungen ihre Vorstellungen und Bilder von Gott sowie Deutungen der Welt konstruktiv weiter.

8. Hoffnung

Gerade angesichts von Erfahrungen des Bruchstückhaften und Zerbrechlichen des Lebens, der festgefahrenen Impulse, des zerrieben Werdens wichtiger Aufbrüche im Für und Wider der Prognosen suchen Menschen Bilder des Gelingens, des Überwindens von Missständen, des heil Werdens, im Blick auf das eigene Leben wie auf die menschliche Gemeinschaft und die Zukunft der Welt.

Christlicher Glaube sieht Gott als Quelle immer wieder neuer Erfahrungen des Gelingens und der Zuversicht, punktuell schon jetzt in den „kleinen Wundern" des persönlichen Lebens wie der politischen Geschehnisse und dann in einer Vollkommenheit, die jenseits unserer Vorstellungen liegt.

Qualitätsfragen

Nachdem die Ebenen, Aspekte und Grundmerkmale einzeln vorgestellt sind, geht es nun um deren Verknüpfungen in vielen differenzierten Qualitätsfragen, jeweils durch *angefügte Beispiele* veranschaulicht.

I Ebene der Mädchen und Jungen

Die im ersten Teil entfaltete biblisch-theologische Grundorientierung schließt pädagogische Folgerungen ein. Mit ihnen wird deutlich, wie christliche Überzeugungen im pädagogischen Handeln wirksam werden können: in der Haltung der Erziehenden, in der Sensibilität für die religiöse Dimension, im expliziten Umgang mit den christlichen Traditionen, in Gemeinsamkeiten mit und Unterschieden zu anderen religiösen Einstellungen. Das pädagogische und religionspädagogische Geschehen ist zudem davon bestimmt, wie die Mitarbeitenden sich ins Team einbringen, die Partnerschaft mit den Eltern gestalten und sich in das Geschehen der örtlichen Kirchengemeinde eingebunden wissen.

In den Fragenreihen zur pädagogischen Ebene werden diese Zusammenhänge differenziert aufgeschlüsselt, damit die Aktivitäten in der Einrichtung möglichst genau bedacht und in Qualitätsmerkmalen erfasst und gesichert werden können.

In der folgenden Übersicht werden zunächst die Grundmerkmale in ihrer Bedeutung für das Leben und Lernen der Mädchen und Jungen vorgestellt. Diese Orientierung wird dann in den anschließenden Fragenreihen weiter entfaltet.

1. In ihrem Angewiesensein auf sichere Bindung, Schutz und sensible Begleitung brauchen Mädchen und Jungen vertrauensvolle Beziehungen, über die sie sich ihre Lebenswelt zugänglich machen können.

2. Selbständigkeit ist ein ursprünglicher Antrieb des kindlichen Tuns. Erfolgserlebnisse hängen von den Erfahrungen der Selbstwirksamkeit und Eigentätigkeit und dem sie ermöglichenden Freiraum ab.

3. Bereits kleine Kinder zeigen Einfühlungsvermögen in das, was ihre Bezugspersonen bewegt. Enge Bindung an sie motiviert die Mädchen und Jungen, das Handeln ihrer Bezugspersonen nachzuahmen. Das sind wichtige Quellen der Bereitschaft, für sich selbst, für andere Mädchen und Jungen in der Gruppe und für das Gesamtgeschehen Verantwortung wahrzunehmen

4. Mädchen und Jungen müssen lernen, mit Grenzen ihrer Freiheit angemessen umzugehen. Sie brauchen Angebote, Misslungenes, Verfehlungen und „Grenzüberschreitungen" zu klären und mit gewonnenen Einsichten Neues beginnen zu können.

5. Neugier ist der Antrieb zu Beobachtungen und Fragen, mit denen sich Mädchen und Jungen ihre eigenen Zugänge zur umgebenden Wirklichkeit erschließen und durch die sich in ihnen erste subjektive „Weltbilder" entwickeln.
6. Mädchen und Jungen haben Geheimnisse und drängen mit ihren Fragen und Vermutungen über den Bereich des Erfahrbaren hinaus.
7. In der Beziehung zu Mädchen und Jungen wird erlebbar, wie viel Phantasie und Kreativität in ihnen steckt, mit denen sie ihre Sicht der Dinge zum Ausdruck bringen.
8. Mädchen und Jungen brauchen Bilder des Gelingens und der Bewältigung von Herausforderungen. In solchen Bildern drücken sie ihre Hoffnung auf eine gute Zukunft aus.

A   Qualitätsfragen zur religiösen Dimension

Christliche Überzeugungen zeigen sich neben dem Erzählen biblischer Geschichten, dem Reden von und mit Gott auch darin, mit welcher religionssensiblen Haltung die erwachsenen Bezugspersonen den Mädchen und Jungen begegnen. Das wird jetzt mit Hilfe der Grundmerkmale genauer in den Blick genommen.

Mitarbeitende in Einrichtungen in nichtkirchlicher Trägerschaft können mit diesen Fragen religiöse Bezüge bedenken, die zum Menschsein dazugehören und auch unabhängig von überlieferten religiösen Traditionen bedeutsam sind.

1. Wo wird spürbar, dass Vertrauen fördernde Beziehungen in einer Haltung wurzeln, die das Kind als von Gott anvertrautes Wesen sieht?

    Vertrauen stiftende Rituale werden nicht als Methode eingesetzt, sondern erhalten durch die authentische Haltung der Erwachsenen besondere Bedeutung.

2. Wie wird mit der Sicht der Mädchen und Jungen als eigenständige Geschöpfe Gottes deren Selbständigkeit gefördert?

    In philosophischen und theologischen Gesprächen wird jeder Beitrag gewürdigt.

    In Projektplanungen werden Ideen der Mädchen und Jungen aufmerksam wahrgenommen.

3. Woran wird erkennbar, dass Übernahme von Verantwortung in der Achtung jeden Lebens als Geschenk Gottes wurzelt?

    Beim Aufstellen und Einhalten von Regeln achten die Erziehenden darauf, dass kein Kind beschämt und in seiner Würde verletzt wird.

    Dies gilt in besonderer Weise im Miteinander von Mädchen und Jungen unterschiedlicher Begabungen.

4. Wie werden Mädchen und Jungen im Wahrnehmen und Akzeptieren eigener Grenzen so gefördert, dass jedes einzelne Kind Angenommensein erfährt?

   In Kinderkonferenzen werden Konflikte so besprochen, dass die Achtung der individuellen Eigenart nicht verletzt wird.

5. Wie wird Neugier gefördert, in der das Staunen über die wunderbar geschaffene Welt mitschwingt?

   Bei Erkundungen und Projekten werden Mädchen und Jungen zu einem ganzheitlichen Blick auf das Wunderbare und Staunenswerte angeregt, das auch durch gegenteilige Erfahrungen nicht entwertet wird.

6. Wie wird das philosophische und theologische Nachdenken gefördert und begleitet?

   Bilder, mit denen sich Mädchen und Jungen Gott und die Welt erklären, werden mit besonderer Sorgfalt beachtet und bilden Anlässe für entsprechende Gesprächsrunden.

7. Wo und wie werden Phantasie und Kreativität der Mädchen und Jungen als wertvolle Geschenke für die Bewältigung des Lebens gewürdigt?

   Ideen der Mädchen und Jungen werden in ihrem Erfindungsreichtum, ihrer Aussagekraft und Deutung der Welt verstanden.

8. Wo haben Mädchen und Jungen in ihrer individuellen Verschiedenheit erkennbar Raum und Aufmerksamkeit für Bilder und Vorstellungen ihres gegenwärtigen und zukünftigen Lebens?

   In Anregungen zum kreativen Gestalten wird die Auseinandersetzung mit Lebensthemen der Kinder, mit ihren Ängsten und Hoffnungen, ihren Befürchtungen, Sehnsüchten und Wünschen angeregt.

B Qualitätsfragen zur Begegnung mit christlichen Inhalten

Von den vorher angeklungenen religiösen Bezügen im alltäglichen Miteinander öffnen sich Ausblicke auf entsprechende Inhalte, Vollzüge und Haltungen des christlichen Glaubens.

In einer christlichen Kindertageseinrichtung werden diese in den Zielperspektiven und beim Bestimmen von Qualitätsmerkmalen mitbedacht.

1. Wo können Mädchen und Jungen in einer Atmosphäre des Vertrauens Erfahrungen mit dem Glauben machen?

Im Erleben von Ritualen und beim Erzählen biblischer Geschichten wird ein Raum gestaltet, in dem Vertrauen wachsen kann.

2. Welche Inhalte des christlichen Glaubens stärken Mädchen und Jungen in ihrer Einzigartigkeit und Selbständigkeit?

    Sie begegnen in Geschichten Menschen, die ihre von Gott geschenkten Fähigkeiten entdecken und einsetzen.

    Sie werden gefördert, ihre eigenen Interpretationen der Geschichten zu gestalten.

3. Wie können Mädchen und Jungen erfahren, dass eine vertrauensvolle Gottesbeziehung zu verantwortlichem Handeln ermutigt?

    Sie lernen Menschen kennen, die sich aus ihrem Glauben heraus mutig für andere einsetzen.

4. Welche christlichen Inhalte bestärken Mädchen und Jungen im Wahrnehmen und Akzeptieren eigener Grenzen?

    Sie lernen biblische Geschichten kennen, in denen selbstverständlich von menschlichen Grenzen und von Fehlverhalten erzählt wird.

5. Mit welchen religionspädagogischen Projekten wird Neugier auf biblische Personen und das Staunen über ihre Lebensläufe und Erfahrungen angeregt?

    Bei einem Projekt zur Josefsgeschichte entdecken Mädchen und Jungen die verwickelten Familienbeziehungen und stellen Parallelen zu ihrem Erleben her.

6. Wie wird das philosophische und theologische Nachdenken gefördert und begleitet?

    Biblische Geschichten greifen die Fragen der Mädchen und Jungen nach Gott und der Welt auf und bieten Antworten an, die sie wahrnehmen und diskutieren.

7. Wo regt das Zusammensein in der Tageseinrichtung dazu an, die Beziehung zu Gott mit eigener Phantasie und Kreativität zu beleben und zu gestalten?

    In Gottesdiensten gestalten Mädchen und Jungen ihre Deutungen von biblischen Geschichten auf vielfältige Art und Weise.

8. Wo erleben Mädchen und Jungen die Gottesbeziehung als Quelle der Hoffnung für ihr gegenwärtiges und zukünftiges Leben?

    Die besonderen Situationen des Lebens, die glücklichen wie die beschwerlichen, werden mit Ritualen gestaltet. In ihnen kommen die Ängste, Hoffnungen, Befürchtungen, Sehnsüchte und Wünsche der Mädchen und Jungen vor.

C Qualitätsfragen zur gemeinsamen Profilentwicklung von Kindertageseinrichtung und Kirchengemeinde

Kirchengemeinden mit ihren Gruppen und Kreisen, Gottesdiensten und Begegnungen, Menschen mit verschiedenen Berufen - samt Einblicken in gesellschaftliche Zusammenhänge die sie bieten - können Mädchen und Jungen mancherlei Anregungen geben. Sie lernen neue Kontakte zu knüpfen, Menschen in anderen Lebensumständen kennen zu lernen, Personen wahrzunehmen, die über die Bekannten aus Familie und Kindertageseinrichtung hinausweisen. So können sie entdecken, inwiefern religiöse Einstellungen neben den bisherigen Bezugspersonen auch diesen Menschen wichtig sind, wie sie ihren Glauben zum Ausdruck bringen.

1. Wo erfahren Mädchen und Jungen in der Kirchengemeinde eine Atmosphäre des Vertrauens?

    Sie sind auch in anderen Bereichen der Gemeinde willkommen und bringen ihre Aktivitäten ein.

2. Wie erfahren Mädchen und Jungen in ihren Aktivitäten, die über den Bereich der Kindertageseinrichtung hinausgehen, Gehör, Anerkennung und Ermutigung?

    Sie planen und gestalten Gottesdienste mit. Gemeindemitglieder nehmen an von Mädchen und Jungen mitgestalteten Aktivitäten teil.

3. Wie können Mädchen und Jungen auch in anderen Bereichen der Kirchengemeinde eigene Verantwortung wahrnehmen?

    Sie können sich altersgemäß an Aktionen in der Gemeinde beteiligen, z.B. auf dem Gemeindefest, bei Gemeindepatenschaften, beim lebendigen Adventskalender u. a.

4. Wie erleben Mädchen und Jungen im Zusammenwirken der Kindertageseinrichtung mit der Kirchengemeinde, wie Konflikte einvernehmlich gelöst werden?

    Probleme, die zum Beispiel bei der gemeinsamen Nutzung von Räumen oder Außenbereichen von Gemeindehäusern entstehen, werden konstruktiv gelöst.

5. Welche Entdeckungen können Mädchen und Jungen in weiteren Bereichen der Kirchengemeinde machen?

    Sie lernen Arbeitsbereiche (Personen, Räume...) der Jugend- und Erwachsenenarbeit, auch von diakonischen Einrichtungen der Kirchengemeinde kennen.

6. Wo erleben Mädchen und Jungen in den Traditionen der Kirchengemeinde auch Ungewöhnliches, Fremdartiges und Geheimnisvolles, das ihre Neugier weckt?

    Der Besuch der Kirche führt auch in Nebenräume wie Sakristei, Glockenturm, Glockeninschriften, Dachboden, Keller.

7. Wo eröffnen sich Mädchen und Jungen innerhalb der Kirchengemeinde Möglichkeiten, ihre eigene Kreativität zum Ausdruck zu bringen?

Sie gestalten den Schaukasten vor der Kirche mit oder haben eine Seite auf der Homepage.

8. Wo erleben Mädchen und Jungen in der Kirchengemeinde Menschen, die ihren persönlichen Glauben und davon bestimmte Einstellungen zum Leben zum Ausdruck bringen?

Mitarbeitende in der Gemeinde werden in die Kindertageseinrichtung eingeladen und erzählen von ihrem Engagement, ihrer Motivation und was das mit ihrem Glauben zu tun hat.

D Qualitätsfragen zum interreligiösen Miteinander

Das alltägliche Zusammenleben von Mädchen und Jungen unterschiedlicher religiöser Traditionen bietet wichtige Impulse zum interreligiösen Lernen. Es gilt die Gemeinsamkeiten, aber auch die Andersartigkeit und Fremdheit wahrzunehmen und so einen differenzierten Blick für die religiöse Pluralität zu gewinnen, in der wir leben. Damit soll ein Umgang mit Menschen mit anderen religiösen Bindungen eingeübt werden, der von Interesse, Akzeptanz, Einfühlungsvermögen bestimmt ist.

1. Wie wird im religiösen Miteinander Gemeinsamkeit und Verschiedenheit mit der persönlichen Haltung des Respekts gelebt?

Unterschiedliche Gebetsgesten, welche die Mädchen und Jungen aus ihrer religiösen Sozialisation mitbringen, werden bewusst als Teil des gemeinsamen Betens gepflegt. Einwände nichtreligiöser Eltern gegen religiöse Erziehung werden in einer Atmosphäre gegenseitiger Offenheit besprochen.

2. Wo erfahren Mädchen und Jungen Bestärkung in ihren eigenen religiösen Traditionen?

Mädchen und Jungen werden ermuntert, von ihren religiösen Festen im Elternhaus zu erzählen und Gegenstände ihrer religiösen Praxis mitzubringen.

3. Wie lernen Mädchen und Jungen angesichts unterschiedlicher kultureller und religiöser Traditionen selbst Verantwortung für das Zusammenleben zu übernehmen?

Sie vollziehen gemeinsame Gebete mit ihren eigenen Gebetsgesten.

4. Wie erleben Mädchen und Jungen, wie Kränkungen, die aus Unwissenheit, Unachtsamkeit und durch Vorurteile entstanden sind, im offenen Gespräch bereinigt werden?

Konflikte, die sich aus unterschiedlichen Traditionen und Verhaltensweisen ergeben, werden thematisiert und geklärt. Wichtige Regeln für den Umgang mit Menschen anderer kultureller und religiöser Herkunft werden im Team besprochen und festgehalten.

5. Wie wird in der Einrichtung Neugier auf andere Religionen geweckt?

    Der Moscheebesuch ist fester Bestandteil des Besuchsprogramms.

6. Wie spüren Mädchen und Jungen, dass religiös Anderes auch fremd, rätselhaft und unerklärbar bleiben kann?

    Erzieherinnen gestehen offen ihr Nichtwissen zu Einzelheiten aus anderen Religionen ein, zeigen selbst Interesse an Informationen von kompetenten Eltern bzw. Repräsentanten anderer Religionen.

7. Wie können Mädchen und Jungen angesichts unterschiedlicher religiöser Einstellungen, Überzeugungen und Verhaltensweisen kreative Gestaltungsmöglichkeiten des Zusammenlebens entdecken?

    Sie suchen nach Lösungen, wie eine aus religiösen Gründen nicht erwünschte Geburtstagsfeier auf andere Weise ausgeglichen werden kann.

8. Wie können Mädchen und Jungen wahrnehmen, dass auch in anderen Religionen Menschen Hoffnung für ihr Leben gewinnen können?

    Sie lernen bei Begegnungen kennen, wie Menschen unterschiedlicher Religionen ihren Glauben praktizieren.

II Ebene der Kooperation mit den Eltern

In den pädagogischen Beziehungen zu den Mädchen und Jungen gilt es die Eltern als Partner zu sehen. Das fordert uns dazu auf, die in der ersten Ebene bedachten pädagogischen Bezüge auch unter dem Gesichtspunkt dieser Partnerschaft zu bedenken. Alle vorher vorgestellten Qualitätsfragen sind nun darauf zu beziehen, was das für die Zusammenarbeit mit den Eltern bedeutet. Es beginnt mit einer Übersicht zu den Grundmerkmalen.

1. Eltern brauchen Vertrauen, das ihnen entgegengebracht wird – besonders angesichts unterschiedlicher Erziehungsstile und -ziele für ihre Kinder.

2. Die Autonomie der Eltern kommt in den zu respektierenden Elternrechten zum Ausdruck.

3. Eltern geben Erziehungsverantwortung an die Kindertageseinrichtung ab. Das begründet die gemeinsame Verantwortung gegenüber den Kindern: Eltern sind als Partner in die Prozesse des Betreuens, Erziehens, Bildens einzubeziehen.

4. Auch Eltern dürfen Fehler machen, werden in ihrem Verhalten ernst genommen und brauchen Unterstützung bei den Herausforderungen, ihren Alltag in der Familie zu gestalten.

5. Zum Elternsein gehört die Neugier auf das Leben des Kindes und dessen Erleben und Verstehen, auf seine Art, sich auszudrücken, auf seine Lebenswelt außerhalb der Familie.

6. Eltern können an ihren Kindern das Geheimnis von deren Individualität, deren weithin verborgenen Fähigkeiten, auch deren Unzulänglichkeit wahrnehmen. Dies ist eine Quelle von Überraschungen und führt zu Verwunderung wie Befremden, Hilflosigkeit und Befürchtungen.

7. In der Beziehung zu ihrem Kind können Mütter und Väter ihre eigene Phantasie und Kreativität neu entdecken.

8. Eltern suchen Bilder und Perspektiven eines gelingenden Zusammenlebens, wie sie sich in gemeinsamen Ritualen, Festen und Feiern zeigen.

A Qualitätsfragen zur religiösen Dimension

Dieses Bild der Eltern nehmen wir mit hinein in die Religiosität des alltäglichen Miteinanders. Was bedeutet es im Einzelnen, wenn Eltern einbezogen werden in die im christlichen Glauben wurzelnde Atmosphäre eines wertschätzenden Umgangs und vertrauensvollen Miteinanders, wenn sie reichhaltig Anteil nehmen können an dem, was in der Einrichtung geschieht?

1. Wo und wie können Eltern erleben, dass sie in die Atmosphäre des Vertrauens, das die Einrichtung bestimmt, einbezogen sind?

   Gelegenheit zu zwanglosen Gesprächen laden dazu ein, auch religiöse Aspekte zu thematisieren.

2. Wo zeigt sich im Umgang mit Eltern die Wende von der defizitorientierten zur ressourcenorientierten Sichtweise?

   Wo erleben Eltern Anerkennung, Respekt und Unterstützung in ihrer erzieherischen Grundhaltung, ihren Elternrechten, ihrer Verantwortung für das Kind?

   Elterngespräche laden in partnerschaftlicher Atmosphäre dazu ein, die eigenen erzieherischen Kompetenzen zu entdecken und sich über grundlegende Erziehungsfragen und –ziele, Erwartungen und Befürchtungen zu verständigen.

3. Wie werden Eltern partnerschaftlich an grundlegenden Klärungen zur Wertorientierung beteiligt?

   Eltern werden zur Mitarbeit in Projekten und zum Nachdenken über leitende Projektziele eingeladen.

4. Wie erleben Eltern in Konfliktsituationen ein Bemühen um Klärung, das menschliche Unvollkommenheit bewusst einbezieht?

   Im Wissen um menschliche Grenzen, Fehler und Schwächen wird eine faire Konfliktklärung angestrebt.

5. Wie werden Eltern zu einer Neugierhaltung eingeladen, die den offenen Blick für das Staunenswerte einschließt?

   Eltern werden zum staunenden Wahrnehmen mit den Augen der Mädchen und Jungen angeregt.

6. Wo werden Eltern dazu eingeladen, das Vordringen der Mädchen und Jungen zu den Fragen nach Gott und der Welt und den Geheimnissen hinter den Dingen mitzuerleben und an sich selbst zu erfahren?

   Tiefgründige Gespräche der Mädchen und Jungen werden (punktuell und exemplarisch) festgehalten und den Eltern zugänglich gemacht.

   Eltern werden zu philosophischen und theologischen Gesprächen eingeladen.

7. Wo werden Eltern angeregt, in den kreativen Aktivitäten der Mädchen und Jungen deren gestalterische Kraft wahrzunehmen und sich auch mit eigenen phantasievollen Ideen einzubringen?

   Zu kreativen Vorhaben (Theaterspielen, Mitgestalten von Festen) werden Eltern eingeladen.

8. Wo wird bei den Mitarbeitenden das Interesse an den Lebensentwürfen und Leitbildern der Familien erkennbar?

Es bestehen Angebote, gemeinsam über das Selbstverständnis der Mütter und Väter in ihren Familien nachzudenken (z.B. bei Vater-Kind-Wochenenden).

B Qualitätsfragen zur Begegnung mit christlichen Inhalten

Erleben Eltern den Umgang mit christlichen Traditionen in der Tageseinrichtung, so ist das für viele eine Unterstützung ihres eigenen praktizierten Umgangs mit Religion. Manche Vorurteile können so entkräftet, Vorstellungen einer zeitgemäßen Religionspädagogik anschaulich und lebendig werden. Auf dem Hintergrund konkreter Erfahrungen kann gemeinsam über Ziele und Inhalte religiöser Erziehung nachgedacht werden.

1. Wo und wie können Eltern erleben, wie biblisch-christliche Überlieferungen grundlegendes Vertrauen wecken und stärken?

   Bei Elternabenden werden biblische Vertrauensgeschichten ins Gespräch gebracht. Eltern werden ermutigt, ihre Erfahrungen und Deutungen einzubringen.

2. Wo erleben Eltern, dass christlicher Glaube Selbständigkeit fördert?

   Wo erleben Eltern durch die christliche Tradition Anerkennung, Respekt und Unterstützung in der Wahrnehmung ihrer Verantwortung als Eltern?

   Eltern sind eingeladen, sich an der Planung und Durchführung von Gottesdiensten zum Ende der Kindergartenzeit zu beteiligen.

3. Wie werden Eltern in den Diskurs um christliche Werteorientierung hinein genommen?

   Ausgehend von der biblischen Geschichte der Kindersegnung wird ein Prozess des Nachdenkens über ein am Kind orientiertes Wertverständnis angestoßen.

4. Wie erleben Eltern, dass sie mit ihren Grenzen angenommen sind?

   Elternabende zu religiösen Themen thematisieren menschliches Leben mit seinen Licht- und Schattenseiten. Christliche Nüchternheit rechnet mit Scheitern und Fehlern im Umgang miteinander.

5. Wie werden Eltern in ihrer Neugier unterstützt, eigene Ausdrucksformen ihres Glaubens zu entdecken und zu kommunizieren?

   Eltern sind eingeladen, Andachten und Gottesdienste mitzugestalten.

6. Wo sind Anlässe für Gespräche mit Eltern über Fragen im Zusammenhang mit Lebenskrisen? Wo finden die religiösen Fragen der Eltern Raum und welche Unterstützung erhalten sie für den Umgang mit den entsprechenden Fragen ihrer Mädchen und Jungen?

Bei gegebenen Anlässen werden Gesprächsrunden und individuelle seelsorgerliche Begleitung angeboten.

Regelmäßig werden Elternabende zu Themen wie Trauer und Abschied angeboten.

Das Kirchenjahr wird mit seinen Lebensthemen ins Gespräch gebracht.

7. Wo werden Eltern angeregt, ihren Glauben in kreativen Aktivitäten und mit eigenen phantasievollen Ideen einzubringen?

   Zu kreativen Vorhaben (Mitgestalten von Festgottesdiensten, Abschlussfeiern und Familienwochenenden) werden Eltern eingeladen.

8. Wie werden Eltern in ihren Lebensentwürfen und Leitbildern mit biblisch-christlichen Hoffnungsbildern unterstützt?

   Es bestehen Angebote, gemeinsam über biblische Hoffnungsbilder nachzudenken.

C Qualitätsfragen zur gemeinsamen Profilentwicklung von Kindertageseinrichtung und Kirchengemeinde

In der Kindertageseinrichtung erleben viele Eltern erstmals oder nach längerer Pause Aktivitäten der Kirchengemeinde. Dabei nehmen sie eine familienfreundliche, einladende Gemeinde wahr. Sie lernen die religiöse Erziehung als Aufgabe der Kindertageseinrichtung kennen, die von der Kirchengemeinde unterstützt und mitgetragen wird.

1. Wo nehmen Eltern in der Kindertageseinrichtung Hinweise auf eine einladende, Vertrauen weckende Gemeinde wahr?

   Bei Elternveranstaltungen nehmen Verantwortliche der Gemeindeleitung teil, suchen und pflegen Kontakte zu den Eltern.

2. Wie erleben Eltern sich von der Kirchengemeinde in ihrer Selbständigkeit ernst genommen?

   Beim Anmeldegespräch und bei Gesprächen mit Gemeindegliedern wird anderen religiösen Einstellungen der Eltern Respekt entgegengebracht. Auf subtile Nötigung zur Teilnahme an anderen kirchlichen Veranstaltungen wird verzichtet.

3. Wo spüren Eltern, dass die Kirchengemeinde gemeinsam mit ihnen Verantwortung für die religiöse Erziehung der Mädchen und Jungen tragen möchte?

   Sie nehmen wahr, dass sie von Verantwortlichen der Kirchengemeinde als eigenverantwortliche Partner der religiösen Erziehung ernst genommen werden.

4. Wie machen Eltern bei Konflikten zwischen Kindertageseinrichtung und Gemeinde die Erfahrung respektvoller und konstruktiver Konfliktlösungen?

An Konfliktlösungen zwischen Kindertageseinrichtung und Gemeinde werden Elternvertreter in angemessener Weise beteiligt.

5. Wie wird bei den Eltern Neugier geweckt auf Planungen, Aktivitäten und Konzepte der Kirchengemeinde?

In der Kindertageseinrichtung wird in ansprechender Weise über Angebote der Kirchengemeinde informiert (z.B. Informationswand, Newsletter, persönliche Einladung...)

6. Wo begegnen Eltern in der Kirchengemeinde Menschen, die sich auch schwierigen und unlösbaren Fragen nach Glauben und Leben stellen?

Bei Elternkontakten wird auch bohrenden Fragen nach dem Glauben nicht ausgewichen.

7. Begegnen Eltern einer Gemeinde, in der Glaube auf vielfältige Weise zum Ausdruck kommen kann?

Bei der Vorbereitung von Gottesdiensten mit der Kindertageseinrichtung werden Eltern einbezogen und können dabei unterschiedliche Positionen und Gestaltungsideen einbringen.

8. Wo erleben Eltern in der Kirchengemeinde aus dem Glauben hergeleitete Lebensperspektiven?

Eltern nehmen wahr, wie das Profil der Kindertageseinrichtung im Selbstverständnis der ganzen Gemeinde verwurzelt ist.

D Qualitätsfragen zum interreligiösen Miteinander

Die religiöse Vielfalt in unserer Gesellschaft zeigt sich auch in den religiösen Orientierungen der Eltern. Die einen fühlen sich christlich gebunden, andere haben sich von ihren religiösen Traditionen distanziert, etliche sind in nichtchristlichen Religionen, vor allem dem Islam verwurzelt, andere fühlen sich keiner religiösen Tradition zugehörig. Wie wird ihre unterschiedliche religiöse Orientierung in einer evangelischen Kindertageseinrichtung beachtet und ernst genommen? Wie spüren sie, dass Erziehungspartnerschaft religiöse Unterschiede nicht ausblendet, sondern bewusst einbezieht?

1. Wo spüren Eltern aus anderen religiösen Traditionen, dass ihnen Vertrauen entgegengebracht wird?

Muslimische Mütter erzählen von ihren kulturellen und religiösen Traditionen. Die Übersetzung wichtiger Informationen wird angestrebt.

2. Wird die Eigenständigkeit der religiösen Orientierung der Eltern geachtet?

   Beim Anmeldegespräch wird die religiöse Position der Eltern sorgfältig wahrgenommen.

3. Werden Eltern in gemeinsame Verantwortung für ein vorurteilsfreies Miteinander angesichts religiöser Unterschiede hinein genommen?

   Eltern arbeiten an den Zielsetzungen interreligiöser Erziehung mit, werden um Mithilfe bei Verständigungsbemühungen gebeten.

4. Erleben Eltern in Konflikten, die sich zwischen der Position der evangelischen Kindertageseinrichtung und ihrer eigenen religiösen Verwurzelung ergeben, den Willen zur Verständigung?

   Die Ziele religiöser Erziehung und Bildung der evangelischen Einrichtung werden offen benannt und es wird versucht zwischen den Besorgnissen der Eltern zu vermitteln.

5. Spüren Eltern das Interesse an ihrer Religion? Wie wird ihre Neugier an anderen religiösen Orientierungen geweckt?

   Feste anderer Religionen bieten Anlass zum Feiern und zum Nachfragen.

6. Wie erleben Eltern den Umgang mit Grenzen im Verstehen anderer Religionen?

   Fremdheit gegenüber anderen religiösen Verhaltensweisen darf zugegeben werden und erleichtert den Prozess der Verständigung.

7. Erleben Eltern, dass mit religiöser Verschiedenheit in der Kindertageseinrichtung phantasievoll umgegangen wird?

   Ein interreligiöser Festkalender weist auf aktuelle Feste hin und wird durch Bilder, Fotos usw. bereichert.

8. Wie können Eltern etwas von der Hoffnung auf Verständigung angesichts der religiösen Unterschiede spüren?

   Rückschlägen und Missverständnissen im interreligiösen Dialog folgen geduldige Neuanfänge.

III Ebene der Kollegialität unter den Mitarbeitenden

Erziehung ist ein personales Geschehen. Deshalb ist die Mitarbeiterin als Person gefordert. Im Zusammenarbeiten und -leben mit den Anderen gilt es, authentisch und echt Kindern das weiterzugeben, zu dem sie selbst stehen kann. Überlegungen zur personalen Qualität beziehen sich auf Haltungen und Einstellungen, auf biografische Entwicklungen, individuelle Perspektiven und Wünsche. Der Ort, an dem entsprechende Qualitätsmerkmale sichtbar werden, ist vor allem das Gespräch im Team, in dem Vorstellungen abgeklärt werden, unterschiedliche Positionen einander gegenübertreten, Einstellungen und Überzeugungen zum Ausdruck kommen.

Die biblisch-theologische Grundorientierung fordert dazu auf, auch die Mitarbeiterin in der Kindertageseinrichtung in ihrer Individualität und Personalität wahrzunehmen. Was sind die Bedingungen, damit sie sich als eigenständige Person einbringen kann und welche Erwartungen knüpfen sich daran? Auf dieser Ebene werden Fragenreihen zu den vier Aspekten der religiösen Erziehung auf die Mitarbeiterin selbst angewandt, im Blick auf sie selbst formuliert. Das beginnt mit einer entsprechenden Zusammenfassung der Grundmerkmale.

1. Um sich mit der eigenen Person in das Erziehungsgeschehen und die Zusammenarbeit im Team einbringen zu können, muss eine Ebene des Vertrauens gegeben sein.

2. Gerade weil Erziehung ein personales Geschehen ist, ist der ganze Mensch gefordert – in seiner Selbständigkeit und persönlichen Freiheit, mit seinen Gaben, Fähigkeiten und auch Grenzen.

3. Die Erziehungsaufgabe fordert in der konkreten erzieherischen Situation mit den zu treffenden Entscheidungen die persönliche Verantwortung gegenüber den Mädchen und Jungen.

4. Vieles im Erziehungsgeschehen ist nicht planbar. Die Beziehung zu den Mädchen und Jungen steckt voller unvorhersehbarer Überraschungen und Herausforderungen, die einen immer wieder an die eigenen Grenzen stoßen lassen. Das erfordert wechselseitiges Verständnis und auch den Mut, Fehler zuzugeben und zu ihnen zu stehen.

5. Zu erzieherischer Professionalität gehört die Neugier auf die Individualität jedes einzelnen Kindes wie auf neue theoretische Zugänge, Ansätze, Ideen und Anregungen für die Zusammenarbeit in der Kindertageseinrichtung.

6. Wichtig ist, sich auch den Fragen zu stellen, auf die es keine abschließenden Antworten gibt, im Blick auf das eigene Leben und das der Mädchen und Jungen, auf die Ziele des erzieherischen Handelns, auf die Zukunft unserer Gesellschaft.

7. Erzieherische Professionalität zeigt sich im Einbringen von Phantasie und schöpferischen Gaben. Es gilt Mädchen und Jungen zum Ausdruck ihrer Kreativität anzuregen und sich selbst von deren Einfallsreichtum anregen zu lassen.

8. In dem oft aufreibenden Alltag in der Kindertageseinrichtung brauchen Erzieherinnen Bilder des Gelingens und der Hoffnung auf die Wirksamkeit ihres erzieherischen Handelns.

A Qualitätsfragen zur religiösen Dimension

Wo es um religiöse Bezüge im Alltag des Zusammenlebens geht, ist die eigene Person in besonderer Weise gefordert. Es geht darum, wie sie sich selbst und in der Teamgemeinschaft auf diese Bezüge einlässt.

1. Woran ist erkennbar, dass die Zusammenarbeit im Team von wechselseitigem Vertrauen und dem Bewusstsein der in ihm liegenden Kraftquellen bestimmt wird?

    In Teamfortbildungen wird auf die Pflege der Beziehungen und auf Impulse, die das wechselseitige Vertrauen stärken, großer Wert gelegt.

2. Wie bringen sich die Teammitglieder mit ihren je eigenen Gaben und Fähigkeiten ein? Wie werden sie dazu ermutigt und darin bestätigt?

    Unterschiedliche Begabungen werden in den Planungen der Zusammenarbeit als Bereicherung der gemeinsamen Arbeit verstanden und benannt. Die Beteiligten erfahren darin Anerkennung, Wertschätzung und Freiheit zu deren Entfaltung.

3. Werden Verantwortlichkeiten bzw. Zuständigkeiten sorgfältig geklärt? Bekommen Teammitglieder bei ihren zu treffenden Entscheidungen kollegialen Rat und konstruktive Rückmeldungen im Sinne des die Einrichtung leitenden Wertverständnisses?

    Im Teamgespräch nimmt das Reflektieren von anstehenden und getroffenen Entscheidungen einen angemessenen Raum ein.

4. Wird mit Schwächen und Grenzen der einzelnen Teammitglieder konstruktiv umgegangen – in dem Bewusstsein, auch mit eigener Unvollkommenheit akzeptiert zu sein?

    Praktizierte Rituale erleichtern es, eigene Fehler und Versäumnisse zu benennen und die Persönlichkeit der Betroffenen in ihrer Würde zu schützen.

5. Ist bei den Teammitgliedern das Interesse an neuen Wegen, an gemeinsamen Entdeckungen mit den Mädchen und Jungen spürbar? Wirkt solche Neugier im Team ansteckend?

Für gemeinsame Suchbewegungen in diesem Sinne werden entsprechende Methoden (z.B. Erfahrungsaustausch, Reflexion der kindlichen Forschertätigkeit, Brainstorming) genutzt.

6. Ist eine Kultur des Umgangs auch mit den Fragen spürbar, auf die es keine abschließenden Antworten gibt?

    In gemeinsamen Reflexionen führen die Teammitglieder auch untereinander Gespräche zu Lebensfragen und bestärken einander in einem produktiven Umgang mit Fragen, zu denen sie keine abschließenden Antworten wissen.

7. Wie ist bei den Teammitgliedern Wahrnehmung, Wertschätzung und Förderung der kindlichen Phantasie wie auch der eigenen Phantasie und Kreativität als wesentlicher Ausdruck ihres Weltverständnisses erkennbar?

    Die Erziehenden reagieren, im Sinne wechselseitiger Bereicherung, auf einen kindlichen Ausdruck auch mit eigenen Ideen.

8. Wie wird in der Einrichtung und in Haltung und Verhalten der Erziehenden auch deren Hoffnung spürbar, aus der die schöpfen?

    Erzieherinnen und Erzieher erzählen den Mädchen und Jungen von eigenen Erfahrungen, in denen sie neuen Mut gefunden haben.

B Qualitätsfragen zur Begegnung mit christlichen Inhalten

Der Umgang mit christlicher Tradition in der Kindertageseinrichtung lebt aus der Überzeugungskraft, mit der die Mitarbeitenden ihre eigene Person ins Spiel bringen. Bereitschaft zum Weitergeben christlicher Tradition lässt sich nicht verordnen, sie muss vielmehr den biografischen Gegebenheiten entsprechen und wachsen können.

1. Wie werden die eigenen religiösen Überzeugungen der Mitarbeitenden im Team in wechselseitigem Vertrauen kommuniziert und respektiert?

    In Teamfortbildungen werden religionspädagogische Impulse gesetzt, die die Pflege der Beziehungen und das wechselseitige Vertrauen fördern.

2. Wie können sich die Teammitglieder mit ihren je eigenen Gaben und Fähigkeiten in die Konzeption der Religionspädagogik einbringen? Wie werden sie dazu ermutigt und darin bestätigt?

    Mitarbeitende entscheiden selbst über ihr Engagement in der Umsetzung der religionspädagogischen Aktivitäten. Mitarbeitende werden durch Fortbildungen im Erwerb einer eigenständigen religionspädagogischen Kompetenz unterstützt.

3. Wie werden die Mitarbeitenden in die gemeinsame Verantwortung eingebunden, Mädchen und Jungen in ihrem religiösem Suchen und Finden zu begleiten?

    Im Teamgespräch bekommt das Reflektieren der religionspädagogischen Projekte und Situationen den notwendigen Raum.

4. Werden die Schwächen und Grenzen der einzelnen Teammitglieder mit einem akzeptierenden, christlichen Menschenbild in Beziehung gebracht?

    Erziehende lernen biblische Geschichten von Schuld und Vergebung in deren Bedeutung für das eigene Leben kennen.

5. Wie wird die Neugier der Teammitglieder auf neue Wege in der Religionspädagogik geweckt und gefördert?

    Für gemeinsame Suchbewegungen in diesem Sinne werden entsprechende Fortbildungen und der Erfahrungsaustausch im Team genutzt.

6. Ist eine Kultur des Umgangs auch mit den Fragen spürbar, auf die es keine abschließenden Antworten gibt? Erfahren Mitarbeitende dabei Unterstützung durch christliche Traditionen?

    In gemeinsamen Reflexionen lernen die Teammitglieder auch untereinander Gespräche zu den Fragen des christlichen Glaubens anzuregen.

7. Wie ist bei den Teammitgliedern Wahrnehmung, Wertschätzung und Förderung der eigenen Phantasie wie auch der Kreativität als wesentlicher Ausdruck des christlichen Glaubens erkennbar?

    Die Erziehenden bringen im Sinne wechselseitiger Bereicherung eine eigene Gestaltung von biblisch-christlichen Inhalten ein (z.B. Andachten zu Beginn der Teamsitzung).

8. Wie unterstützen biblisch-christliche Traditionen Haltung und Verhalten der Erziehenden und deren Hoffnung, aus der sie schöpfen?

    Erzieherinnen und Erzieher erzählen von ihren Hoffnungsbildern und von eigenen Erfahrungen, in denen sie neuen Mut gefunden haben.

C Qualitätsfragen zur gemeinsamen Profilentwicklung von Kindertageseinrichtung und Kirchengemeinde

Die Mitarbeitenden der Kindertageseinrichtung sind auch in Trägerverbünden mit Mitarbeitenden der örtlichen Kirchengemeinde verbunden. Ein Team aus den unterschiedlichen Bereichen der Kirchengemeinde nimmt gemeinsame Aufgaben wahr.

1. In welcher Weise erfahren sich die Mitarbeitenden mit ihrem Aufgabenbereich in der Kirchengemeinde anerkannt?

   Einführungen und Verabschiedungen in den Dienst der Kirchengemeinde erfolgen im Gottesdienst.

2. Wie können die Mitarbeitenden ihre Kompetenzen in das Leben der Kirchengemeinde einbringen?

   Zwischen ihren Rollen der hauptamtlichen Mitarbeitenden und der freiwillig ehrenamtlich Tätigen wird sorgfältig unterschieden.

3. An welcher Stelle kann Mitverantwortung der Mitarbeitenden für die Kirchengemeinde thematisiert und geklärt werden?

   In gemeindlichen Mitarbeiterrunden zur Kinder- und Familienarbeit bringen Erziehende ihre Kompetenz als pädagogische Fachleute ein.

4. Wo erleben Mitarbeitende in ihrem Engagement in der Kirchengemeinde, dass offen und konstruktiv über Unvollkommenes und Misslungenes gesprochen wird?

   In Auswertungsrunden zu Gemeindeveranstaltungen mit Beteiligten der Kindertageseinrichtung haben auch kritische Rückmeldungen ihren Raum.

5. Wie finden die Mitarbeitenden der Tageseinrichtung ihren Zugang zum Gemeindeleben?

   Mit Einladungen zum Treffen der Mitarbeitenden ergeben sich Kontakte zu den verschiedenen Aktivitäten in der Gemeinde.

6. Erleben die Mitarbeitenden, dass auch andere Mitarbeitende mit offenen Fragen zu ringen haben?

   Bei Gesprächen mit Trägervertretern werden auch Fragen thematisiert, auf die es keine bündigen Antworten gibt. Erziehende werden in offene Fragen des Gemeindeaufbaus mit hinein genommen.

7. Wie finden die kreativen Fähigkeiten der Mitarbeitenden der Tageseinrichtung in den anderen Gremien der Kirchengemeinde Aufmerksamkeit?

   Bei der Planung und Vorbereitung von Kasualien und Gottesdiensten zu besonderen Anlässen im Umfeld der Kindertageseinrichtung wirken Erziehende mit.

8. Ist etwas von einem „Teamgeist" zu spüren, der die Mitarbeitenden der Gemeinde verbindet?

   Alle Mitarbeitenden in der Gemeinde beteiligen sich an der Leitbildentwicklung.

D Qualitätsfragen zum interreligiösen Miteinander

Die religiöse Pluralität unserer Gesellschaft spiegelt sich in den Familien, den Kindergruppen und im Team der Kindertageseinrichtung wieder. Damit ist den Mitarbeitenden auch die Aufgabe gestellt, sich auf die Herausforderungen des interreligiösen Miteinanders einzulassen. Welchen Zugang haben sie zu dieser Thematik? Was wird von ihnen erwartet? Auf was sollten sie sich einlassen?

1. Wie können die Mitarbeitenden durch ihren offenen Umgang mit religiöser Verschiedenheit eigene Beiträge für eine Atmosphäre gegenseitigen Vertrauens einbringen?

    Erziehende nehmen aufmerksam die unterschiedliche religiöse Herkunft der Mädchen und Jungen wahr.

2. Nehmen die Erziehenden die Gelegenheit wahr, ihre eigene religiöse Herkunft und Position zu verdeutlichen?

    Bei spezifisch christlichen Inhalten sprechen sie statt des vereinnahmenden „Wir" von „Ich als Christin und Christ". Sie lassen sich von Kindern und Eltern auf ihre eigene religiöse Position hin befragen.

3. Sehen sich die Mitarbeitenden in der Verantwortung, die religiösen Rechte und Bedürfnisse der Kinder und Eltern zu achten?

    Bei der Vorbereitung einer Kirchenerkundung werden die Bedürfnisse nichtchristlicher Eltern und Kinder berücksichtigt und es wird versucht, den Besuch der Kirche mit den Augen nichtchristlicher Eltern wahrzunehmen.

4. Wie bringen sich die Mitarbeitenden bei Konflikten angesichts religiöser Unterschiede ein?

    Irritationen werden zum Anlass genommen, deren Ursachen auf die Spur zu kommen und mit differenzierten Kenntnissen die Regeln für das interreligiöse Miteinander zu verbessern.

5. Lassen sich die Mitarbeitenden auf neue Erfahrungen mit anderen Religionen ein?

    Erziehende laden Eltern anderer Religionen ein, etwas von ihren religiösen Traditionen zu erzählen und zu zeigen.

6. Wie gehen die Mitarbeitenden mit dem Fremdartigen und Unzugänglichen anderer Religionen um?

    Erziehende nehmen ihre Gefühle angesichts des Fremdartigen anderer Religionen wahr und sind bereit, im Team darüber zu reden.

7. Bereichern die Mitarbeitenden mit eigenen Ideen das interreligiöse Zusammenleben?

Erziehende schaffen in der Einrichtung Orte für Gegenstände und Symbole aus anderen Religionen und entwickeln Ideen zur Verständigung.

8. Wie können die Mitarbeitenden dazu beitragen, dass religiöse Verständigung gelingt?

Die Forderung nach Anstellung einer muslimischen Erzieherin wird sorgfältig begründet und in der Konzeption der Einrichtung verankert.

IV Ebene der Träger

Warum unterhält die evangelische Kirchengemeinde allein oder im Trägerverbund eine oder mehrere Kindertageseinrichtungen? Welchen Aufgaben gegenüber Kindern und Familien fühlt sie sich verpflichtet? Wie ist die Kindertageseinrichtung im Selbstverständnis der Kirchengemeinde verankert? An welchen Zielvorstellungen der Gemeindearbeit hat sie Anteil? Diese Fragen zeigen, dass es auf der Ebene der Trägerschaft um die Verwurzelung der Kindertageseinrichtung im Auftrag der christlichen Gemeinde geht. Damit richten sich die Fragenreihen dieser Ebene vor allem an die Leitungsgremien der Gemeinde bzw. der Trägerverbünde. Sie fordern dazu auf, differenziert zu bedenken, warum die Kirchengemeinde ihre Kindertageseinrichtung braucht, was sie von ihr hat und was sie von ihr erwartet.

Ausgangspunkt der Fragenreihen sind Sätze zum Selbstverständnis der Gemeinde und der Träger. Die Grundmerkmale werden auf die Gemeinde und die Träger selbst angewendet.

1. Die Zusammenarbeit der Mitarbeitenden in der Kirchengemeinde sollte von Vertrauen geprägt sein.

2. Gemeinde lebt von der Vielfalt der Begabungen, die in ihr lebendig sind, und von der definierten Eigenverantwortlichkeit, in der die Mitarbeitenden ihre Fähigkeiten einbringen können.

3. Mitarbeit in der Gemeinde schließt Verantwortung für den eigenen Bereich und Anteilnahme an der Gesamtverantwortung ein. Es geht im gemeinsamen Tun darum, in Wort und Tat Menschen die Botschaft des Evangeliums zugänglich zu machen.

4. Durch die Geschichte der Kirche ziehen sich Schuld und Versagen und sie werden auch in alltäglichen Konflikten spürbar. Leben in der Gemeinde heißt auch, zu problematischen Erfahrungen zu stehen und aus der Kraft der Versöhnung zu leben.

5. Weil es immer um Menschen geht und nicht nur um bestimmte Veranstaltungen, ist die Vernetzung der Aktivitäten wichtig. Das setzt wechselseitiges Interesse und Neugier an den Ideen der Anderen voraus. Es geht um Sichtweisen und Personen, nicht nur um die organisatorische Struktur (wie Kindergottesdienst usw.).

6. Tätigkeit in der Gemeinde geschieht im Wissen um die Unverfügbarkeit des Glaubens. Das hält das Bewusstsein wach für all das, was in Beziehungen nicht machbar ist.

7. Gemeindearbeit lebt von der Fantasie und Kreativität aller Mitarbeitenden, vom Austausch der Ideen und deren gemeinsamer Umsetzung in konstruktive Planung.

> 8. Gemeinde braucht Zielvorstellungen, mit denen sie sich an den Verheißungen des Reiches Gottes orientiert.

Weil es eine so große Vielfalt in der Trägerlandschaft gibt, gilt es zu prüfen, welche der folgenden Fragen für wen von Bedeutung sind.

Zunächst werden die Qualitätsfragen einzeln betrachtet und es wird geklärt, an welchen Ort die jeweilige Qualitätsfrage gehört. Die Fragen werden somit nacheinander den unterschiedlichen Partnern (z.B. dem Trägerverbund, der Geschäftsführung oder der Kirchengemeinde) innerhalb der Trägerstruktur zugeordnet, um sie dann bearbeiten zu können.

Allein schon die Diskussion darüber, welche Qualitätsfrage wohin gehört, ist ein wichtiger Klärungsprozess, der hilft, dann auch die Qualitätsfragen inhaltlich im Blick auf die Beteiligten in der konkreten Trägerstruktur profiliert zu bearbeiten.

Kirchengemeinden, die ihre Kindertagesstätten z.B. in einen Trägerverbund eingebracht haben, geben damit ihre Verantwortung nicht ab. Ihre Verantwortung bekommt jedoch mit der neuen Trägerstruktur einen anderen Rahmen.

A Qualitätsfragen zur religiösen Dimension der Erziehung

Fragen zur gelebten Religiosität des Alltags, die vor allem in den persönlichen Beziehungen zum Ausdruck kommen, gelten auch für das Verhältnis zwischen Träger und Team der Kindertageseinrichtung. Bei übergemeindlichen Trägerverbünden gilt das sowohl für Rechtsträger als auch im Blick auf die Zusammenarbeit innerhalb der örtlichen Kirchengemeinde. Ist das Miteinander von Gesichtspunkten bestimmt, die für die biblisch-theologische Grundorientierung wesentlich sind? Erfahren die Mitarbeitenden in diesem Miteinander selbst das, was sie in ihrer Beziehung zu den Mädchen und Jungen gestalten sollen?

1. Wird etwas von einem grundlegenden Vertrauen spürbar, das alle Mitarbeitenden der Gemeinde verbindet? Inwiefern bestimmt es die Zusammenarbeit?

   Gesprächsrunden von Mitarbeitenden und Trägern finden regelmäßig in einer Atmosphäre gegenseitigen Vertrauens und Wertschätzung statt.

2. Gibt es Gelegenheiten für die Mitarbeitenden der Kindertageseinrichtung, ihre unterschiedlichen religiösen Meinungen und Einstellungen einzubringen?

   Persönliche Haltung und Überzeugung der Erziehenden finden Eingang in Inhalte und Formen gemeinsam gestalteter Gottesdienste.

3. Wird im Miteinander von Kindertageseinrichtung und Kirchengemeinde die Eigenverantwortlichkeit der Kindertageseinrichtung in ihren spezifischen Aufgaben und Strukturen respektiert? Wo und wie werden Vereinbarungen über Verantwortlichkeiten getroffen?

   In Dienstbesprechungen wird auf die Klärung von gemeinsamer Verantwortung und spezifischen Verantwortungsbereichen geachtet.

4. Wie geht der Träger mit Konflikten, Verfehlungen und Versagen um? Gibt es ein Konfliktmanagement? Sind in ihm Sichtweisen des christlichen Menschenbilds erkennbar?

   In der Rolle des Trägers wird zwischen der des/der Vorgesetzten und des Seelsorgers bzw. der Seelsorgerin unterschieden.

5. Wie werden Trägervertreter und –vertreterinnen in das Forschen, Entdecken und Staunen der Mädchen und Jungen mit hinein genommen? Erfahren Projekte auch Unterstützung seitens des Trägers?

   Trägervertreter und –vertreterinnen unterstützen den staunenden Zugang zur Wirklichkeit als Schöpfung Gottes auch gegen einseitige Forderung nach messbaren Lernergebnissen.

6. Wie unterstützen Trägervertreterinnen und –vertreter die Mitarbeitenden im Umgang mit den schwierigen Fragen, auf die es keine abschließenden Antworten gibt?

   In gemeinsamen Klausurzeiten wird die Fragehaltung bestärkt und theologische ‚Fachleute' zeigen auch ehrlich eigenes Nicht-Wissen.

7. Wie sind die Kommunikationsmöglichkeiten gestaltet, in denen die Mitarbeitenden zusammen mit Trägervertretungen sich untereinander mit ihrer Phantasie und Kreativität bereichern können?

   In gemeinsamen Sitzungen haben Ideenbörsen sowie anregende Texte, Bilder bzw. weitere ästhetische Impulse ihren festen Platz.

8. Wie können die Mitarbeitenden in der Kindertageseinrichtung an den ‚Visionen' der Gemeinde teilhaben?

   In einer Zukunftswerkstatt werden Mitarbeitende der Kindertageseinrichtung an Überlegungen zur Zukunft der Kinder und Familien als wichtigem Aspekt des Nachdenkens über die Zukunft der Kirche und Gemeinde beteiligt.

B Qualitätsfragen zur Begegnung mit christlichen Inhalten

Wie passt Glauben und Leben zusammen? So wichtig diese Frage auch ist, so sehr bleiben Angebote der Gemeinde oft hinter dieser Frage und Aufgabe zurück. In der Kindertageseinrichtung leben Mädchen und Jungen mit den Erziehenden tagtäglich zusammen. Hier kann beispielhaft für andere Bereiche der Gemeindearbeit erschlossen werden, wie der Glaube zum Leben passt, wie alltägliche Lebensvollzüge vom christlichen Glauben her gedeutet werden. An und mit der Kindertageseinrichtung können die Verantwortlichen der Gemeinde wichtige Erfahrungen sammeln, die auch für andere Bereiche der Gemeinde wichtig sind.

Zur christlichen Profilierung von übergemeindlichen Trägerverbünden gehört ihre Verantwortung für christliche Inhalte.

1. Wie wird grundlegendes, in der christlichen Tradition gegründetes, Vertrauen spürbar, das alle Mitarbeitenden der Gemeinde verbindet? Wie bestärken christliche Haltungen die Zusammenarbeit?

    Gesprächsrunden zu Themen des Glaubens von Mitarbeitenden, Gemeindevertreterinnen und -vertretern und Trägern finden regelmäßig in einer Atmosphäre gegenseitigen Vertrauens und Wertschätzung statt.

2. Gibt es Gelegenheiten für die Mitarbeitenden der Kindertageseinrichtung, ihre unterschiedlichen religiösen Meinungen und Einstellungen einzubringen?

    Persönliche Haltung und Überzeugung der Erziehenden finden Eingang in Inhalte und Formen gemeinsam gestalteter Gottesdienste.

3. Wie ist die eigenständige religionspädagogische Arbeit der Erziehenden mit Kindern und Familien im Aufgabenprofil der Kirchengemeinde verankert?

    In Dienstbesprechungen wird auf die Klärung von gemeinsamer Verantwortung in Bezug auf die religiöse Erziehung und spezifische Verantwortungsbereiche geachtet.

4. Wie geht die Gemeindeleitung/ die Trägerebene mit unterschiedlichen Konzepten religiöser Erziehung um?

    Unterschiedliche Vorstellungen von christlicher Erziehung werden kommuniziert und begründet.

5. Wie werden Trägervertreter und –vertreterinnen in das Forschen, Entdecken und Staunen der Mädchen und Jungen mit theologischem Anspruch einbezogen?

    Erfahren diese Projekte auch Unterstützung seitens des Trägers?

    Trägervertreter und –vertreterinnen unterstützen Mädchen und Jungen als Theologinnen und Theologen.

6. Wie unterstützen durch den Bezug auf christliche Inhalte Trägervertreterinnen und –vertreter die Mitarbeitenden im Umgang mit den schwierigen Fragen, auf die es keine abschließenden Antworten gibt?

    In gemeinsamen Klausurzeiten widmet man sich gemeinsam theologischen Fragestellungen.

7. Wie unterstützen sich Mitarbeitende und Trägervertretungen untereinander mit ihrer Phantasie und Kreativität in der Umsetzung biblisch-christlicher Inhalte für die Tageseinrichtung?

    Mitarbeitende und Trägervertreter begeben sich auf Entdeckungsreise zu religionsgeschichtlichen Stätten in der Nähe und in der Ferne.

8. Wie können die Mitarbeitenden ihre Hoffnungsbilder in die ‚Visionen' der Gemeinde einbringen?

    Mitarbeitende der Kindertageseinrichtung werden an Überlegungen zur Zukunft der Kirchengemeinde und ihrer Botschaft für die Menschen beteiligt.

C Qualitätsfragen zur gemeinsamen Profilentwicklung von Kindertageseinrichtung und Kirchengemeinde

Die evangelische Kindertageseinrichtung ist, auch in Trägerverbünden, Teil der örtlichen Kirchengemeinde. Träger fördern die Zusammenarbeit von Kindertageseinrichtung und Kirchengemeinde.

1. Wie unterstützt der Träger die Profilentwicklung der Kindertageseinrichtung als Teil der Gemeinde?

    Gibt es gut organisierten und strukturierten regelmäßigen Austausch, in dem Vertrauen wachsen kann?

    Wie geht die Leitung der Kirchengemeinde mit der Selbständigkeit der Kindertageseinrichtung um?

    Über den Beitrag der Kindertageseinrichtung zum Gemeindeleben berät das Presbyterium in regelmäßigen Abständen.

2. Wie nützt die Gemeindeleitung die besondere Sensibilität der Mitarbeitenden in der Kindertageseinrichtung für die Bedürfnisse von Kindern und Eltern zur Wahrnehmung ihrer gemeindlichen Verantwortung?

    Erziehende werden eingeladen, regelmäßig in Gremien der Gemeinde über die Situation der Kinder und Familien zu berichten.

3. Wie wird die Arbeit der Kindertageseinrichtung kritisch geprüft und gewürdigt – im Bewusstsein, dass Erziehung prozessualen Charakter hat, religiöse Bezüge oft in allgemeine pädagogische Aktivitäten integriert sind, und deren Ergebnisse nicht unmittelbar messbar sind?

Qualitätssicherungsprozesse werden vom Trägervertreter auf dem Hintergrund vorhandener Zielbeschreibungen initiiert und begleitet.

4. Gehört ein Konfliktmanagement zum festen Bestandteil der Personalführung?

Erwartungen an die Mitarbeitenden werden klar benannt. Strukturen werden geklärt, es gibt regelmäßig Raum für Personalentwicklungsgespräche.

5. Werden das wechselseitige Interesse und die Neugier zwischen der Kindertageseinrichtung und anderen Gruppen der Gemeinde von der Gemeindeleitung geweckt und gefördert?

Bei der Planung von Gemeindeprojekten bringt sich die Kindertageseinrichtung mit ihrer Fachkompetenz ein.

6. Begegnen die Erziehenden einem Verständnis von Kirche, das die Spannung zwischen sichtbarer Institution und dem unsichtbaren Wirken Gottes ausdrückt?

Kritik von Eltern an „der Kirche" wird aufgenommen und im Team der Verantwortlichen der Gemeinde diskutiert.

7. Weiß die Gemeindeleitung um das Engagement und die Kreativität der Erziehenden? Lässt sie sich in ihren Planungen davon bereichern, ohne die Erzieherinnen zu überfordern?

Die kreative „Handschrift" der Erziehenden kann sich beispielsweise bei der Mitgestaltung des Gemeindebriefs oder der Homepage zeigen.

8. Wie wird die Aufgabe der Kirche, den Menschen Hoffnung zu geben, auch in pädagogische Bezüge des Alltags in der Kindertageseinrichtung hinein konkretisiert und formuliert?

Leitbilder für Erziehung werden mit Verantwortlichen der Gemeindeleitung diskutiert.

D Qualitätsfragen zum interreligiösen Miteinander

Wahrnehmung von und Auseinandersetzung mit religiöser Pluralität gehört zu den Aufgaben der Kirchengemeinde, der Träger und Trägerverbünde. Kirchengemeinden und Trägerverbünde haben mit der Kindertageseinrichtung ein Arbeitsfeld, in dem es tagtäglich auch um Fragen der interreligiösen Begegnung geht. Nutzt die Kirchengemeinde hier gemachte Erfahrungen als Lernfeld für die ganze Gemeinde? Bietet sie die nötige Unterstützung an?

1. Wie erfährt die Kindertageseinrichtung in ihren interreligiösen Aufgaben Unterstützung und Begleitung durch die Kirchengemeinde mit ihren Gremien?

   In der Gemeinde besteht ein interreligiöser Arbeitskreis, der die Kindertageseinrichtung bei interreligiösen Aufgaben berät.

2. Wird Mitarbeitenden die Möglichkeit eingeräumt, einem anderen Glauben anzugehören bzw. andere Glaubenseinstellungen offen zu artikulieren?

   Mit detaillierten Funktionsbeschreibungen wird die Einstellung nichtchristlicher Erziehenden möglich gemacht.

3. Wie bringen die Verantwortlichen in der Kirchengemeinde zum Ausdruck, dass die interreligiöse Verständigung zu den zentralen Aufgaben der Kirche gehört?

   Interreligiöses Miteinander in der Kindertageseinrichtung hat Einfluss auf den in der Gemeinde geführten interreligiösen Dialog.

4. Wie wird die Kindertageseinrichtung von ihrem Träger beim Umgang mit Konflikten unterstützt, die interreligiöse Erziehung mit sich bringt?

   Interreligiöse Begegnungen in der Kindertageseinrichtung werden von der Gemeindeleitung gefördert und begleitet.

5. Wo erfährt die Kindertageseinrichtung von der Kirchengemeinde Unterstützung beim Kennenlernen anderer Religionen und religiösen Einstellungen?

   Informationsmaterial und Kontakte mit kundigen Personen werden durch den Träger bzw. Verantwortliche der Gemeinde vermittelt.

6. Werden die Mitarbeitenden in der Kindertageseinrichtung mit hinein genommen in die theologischen Auseinandersetzungen zwischen den Religionen?

   Erziehende werden am Gespräch zwischen Kirchengemeinde und islamischen Gemeinschaften beteiligt.

7. Sucht die Kirchengemeinde gemeinsam mit der Kindertageseinrichtung nach Ideen, um interreligiöse Kontakte und Beziehungen aufzubauen und zu pflegen?

   Hausaufgabenbetreuung o. Ä. für Mädchen und Jungen mit Migrationserfahrung wird von Kindertageseinrichtung und Ehrenamtlichen der Kirchengemeinde gemeinsam getragen.

8. Wie verdeutlichen Kirchengemeinde und Kindertageseinrichtung ihre Hoffnungen auf eine gelingende Verständigung mit anderen Religionen?

   Interreligiöse Fragen aus der Kindertageseinrichtung werden im Gemeindebrief thematisiert, in Predigten oder Gesprächskreisen aufgenommen.

V Ebene der Gesellschaft

Die Fragen und Beispiele dieser Ebene gelten einem Bereich, der für die meisten Einrichtungen und Träger bisher noch zu wenig im Blick ist. Auch wenn andere Ebenen der eigenen Praxis in der Kindertageseinrichtung näher stehen, sollte die Aufgabe nicht übersehen werden, das eigene Profil auch in der gesellschaftlichen Öffentlichkeit zu verdeutlichen. Kirche ist nicht nur für sich selbst da, sondern die biblisch-christliche Sicht des Menschen gilt samt dem damit verbundenen Bildungsverständnis für alle. In diesem Sinne tragen christliche Gemeinden an der Verantwortung mit, Frieden und Gerechtigkeit in unserer Welt zu verwirklichen.

Innerhalb der Kindertageseinrichtung soll dies mit den gegebenen pädagogischen Möglichkeiten geschehen, zugleich sollte der Blick über die Kindertageseinrichtung hinausgehen. Durch die Arbeit der Kindertageseinrichtung können entsprechende Impulse in die gesellschaftliche Öffentlichkeit hineinwirken. Dort könnten die Kritik an Missständen, das Anmahnen und Einfordern von Veränderungen ein Forum finden. Durch Erproben von neuen Modellen des Zusammenlebens und des Lernens, durch die erwünschte und geförderte Mitarbeit der Kindertageseinrichtungen in Gremien und anderen Einrichtungen der Kommunen kann die Öffnung zum Gemeinwesen den Auftrag der Kirchengemeinde unterstützen.

1. Menschenwürdiges Zusammenleben in der Gesellschaft setzt eine Basis des Vertrauens voraus. Bildung kann nur in einer Atmosphäre des Vertrauens gelingen.

2. Nach der Verfassung hat jeder Mensch Recht auf seine eigene Individualität. Die Arbeit in der Kindertageseinrichtung stützt diesen Auftrag.

3. Verantwortlichkeit für unsere Gesellschaft, in der wir leben, muss verstärkt geweckt und gepflegt werden. Die Kindertageseinrichtung als Ort des Zusammenlebens nimmt ihre Aufgabe im Sinne eines Übungsfeldes für verantwortliches Handeln wahr.

4. Entsprechendes gilt für den Umgang mit Konflikten. Für das Zusammenleben sind Modelle der Konfliktbewältigung nötig, die auch für andere gesellschaftliche Bereiche relevant sind.

5. Mädchen und Jungen sind heute einer Überfülle von Wahrnehmungsreizen ausgesetzt und ihre Entdeckungsmöglichkeiten reduzieren sich auf die Zonen, die von Erwachsenen betreut und begleitet werden.

Mädchen und Jungen muss aber ermöglicht werden, ihre Lebenswelt eigenständig zu entdecken und zu erobern. Sie brauchen Erfahrungen aus erster Hand.

6. Reduktion erlebter Wirklichkeit auf das Machbare und Erklärbare führt zum Ausblenden des Rätselhaften, des Nachdenkens über die Grenzen unseres Lebens. Im

Unterschied dazu dringen Mädchen und Jungen zu den Grenzen des Erklärbaren vor und brauchen deshalb Begleitung angesichts der dort aufbrechenden Fragen.

7. Überall da, wo die Welt als fertige, unveränderbare, vorgefertigte „Ware" begegnet, verlieren Fantasie und Kreativität ihre Bedeutung. Darum brauchen Mädchen und Jungen Anregungen, ihre schöpferischen Fähigkeiten zu pflegen und aus Vorgegebenem auch Neues zu formen.

8. Entgegen der Verkümmerung von Zukunftsbildern zu Modellen des bloßen Funktionierens ist es wichtig, Vorstellungen von ganzheitlicher Entfaltung im Einklang mit der Schöpfung und in Frieden und Gerechtigkeit unter den Menschen lebendig zu halten.

A Qualitätsfragen zur religiösen Dimension der Erziehung

Mit der Sensibilität für die religiöse Dimension nimmt die Kindertageseinrichtung eine gesellschaftliche Aufgabe wahr: Zum Menschsein gehört die religiöse Dimension dazu, und damit auch zu den Aufgaben von Betreuung, Erziehung und Bildung.

1. Wie wird in der Kindertageseinrichtung angesichts der konkreten Lebensumstände der Mädchen und Jungen das Vertrauen in ihre Lebenswelt gestärkt und wie wird dies in der Öffentlichkeit verdeutlicht?

    Im Gemeindebrief, auf der Homepage im Internet werden Ausschnitte aus der Arbeit der Einrichtung veröffentlicht. Sie machen an konkreten Beispielen sichtbar, wie Vertrauen die Basis für das Zusammenleben darstellt.

2. Woran erkennt man, dass die Kindertageseinrichtung das Kind als ein eigenständiges Wesen wahrnimmt und es mit dieser Sichtweise gegen andere gesellschaftliche Tendenzen (Konsumorientierung, Leistungsorientierung) zu verteidigen sucht?

    Bei Elternveranstaltungen wird die Anerkennung des Kindes unabhängig von seinen erbrachten Leistungen verdeutlicht.

3. Wie wird die praktizierte Verantwortung der Mädchen und Jungen für das Miteinander in der Kindertageseinrichtung veröffentlicht?

    Formen der Kinderkonferenz und andere altersspezifische Beteiligungsmöglichkeiten geben Anstöße für ein Kinderparlament und kindgemäße Partizipation in der Kommune.

4. Welche Strategien der Konfliktbewältigung können über die Kindertageseinrichtung hinaus wirken?

   Erfahrungen mit Mediation können als Impulse in andere Einrichtungen im Gemeinwesen kommuniziert werden.

5. Wo können Projekte der Kindertageseinrichtung Bedeutung für das Gemeinwesen haben?

   Das im Garten angelegte Biotop ist für die Öffentlichkeit zugänglich und kann Beispielcharakter für andere Institutionen haben.

6. Wie wird der Umgang mit „Tabu-Themen" öffentlich verdeutlicht?

   Bei Elternveranstaltungen werden Themen wie Sterben und Tod, Übergriffe und Gewalt an Mädchen und Jungen angesprochen. Gemeinsam werden Möglichkeiten der Prävention bedacht.

7. Wie wird kindliche Phantasie und Kreativität über die Kindertageseinrichtung hinaus bekannt gemacht?

   Bilder der Mädchen und Jungen werden in öffentlichen Räumen zur Geltung gebracht und mit Vernissagen geehrt.

8. Wie wird die kindliche Widerstandsfähigkeit bei Belastungen und Umbrüchen gestärkt?

   Bei Planungen von Projekten wird die besondere Bedeutung von Umbrüchen als Entwicklungschance berücksichtigt und die Aneignung von Bewältigungsstrategien und Lebensmut gefördert.

B Qualitätsfragen zur Begegnung mit christlichen Inhalten

Christliche Tradition begegnet uns in unserem Kulturkreis auf Schritt und Tritt. Zur Bildungsaufgabe gehört es deshalb, solche Traditionen zugänglich zu machen. Dies geschieht nicht im Sinne neutral- distanzierter Information, sondern in der Begegnung mit christlichen Überlieferungen.

1. Wie wird verdeutlicht, dass Mädchen und Jungen durch die Begegnung mit christlicher Tradition Brüche und Veränderungen in ihrem Leben besser bewältigen können?

   Die ermutigende Botschaft biblischer Geschichten wird als Leitgedanke in der Konzeption verankert.

2. Wie kann die durch christliche Überlieferung begründete Eigenständigkeit jedes Kindes in öffentlich wirksamen Äußerungen der Kindertageseinrichtung betont werden?

   Religionspädagogische Zielvorstellungen werden zu den Kinderrechten der UNO in Beziehung gesetzt.

3. Wie kann verdeutlicht werden, welchen gesellschaftlichen Beitrag ethische Erziehung auf der Grundlage der christlichen Überlieferungen leistet?

   In Verhandlungen um bessere Bedingungen für Betreuung, Erziehung und Bildung wird Werterziehung als wichtige Aufgabe thematisiert.

4. Wie wird verdeutlicht, dass der Umgang mit Verfehlung und Schuld im biblischen Sinne Modell für wegweisendes zwischenmenschliches Verhalten sein kann?

   In Gesprächen mit Repräsentanten des öffentlichen Lebens wird dieser Aspekt als wichtige Basis für das Zusammenleben von Menschen zum Ausdruck gebracht.

5. Wie kann vermittelt werden, dass die christlich überlieferte Gottesbeziehung auch gesellschaftlich relevante Deutungen unserer Wirklichkeit ermöglicht?

   Berichte von Projekten und Erkundungen der Mädchen und Jungen erzählen z.B. von deren Sensibilität für die Natur als Schöpfung Gottes.

6. Wie kann über die Kindertageseinrichtung hinaus bewusst gemacht werden, dass biblisch überlieferte Erfahrungen mit Gott auch dazu auffordern, sich den unlösbar scheinenden Rätseln und Geheimnissen in unserem Leben zu stellen?

   Aussagen von Mädchen und Jungen über ihr Staunen angesichts des Nichtverstehbaren und Geheimnisvollen in unserer Welt werden dokumentiert.

7. Wie zeigt sich, dass christlicher Glaube Phantasie zur Gestaltung unserer Welt frei setzt?

   Sorgsamer Umgang mit den Ressourcen der Natur wird mit Bezug auf die christliche Grundorientierung begründet.

8. Wie kann in die gesellschaftliche Öffentlichkeit hinein vermittelt werden, dass für die Mädchen und Jungen biblische Überlieferungen Geschichten der Hoffnung sind?

   In Selbstdarstellungen der Kindertageseinrichtung wird beschrieben, wie Hoffnungsgeschichten der Bibel das Zusammenleben beeinflussen und stärken.

C Qualitätsfragen zur gemeinsamen Profilentwicklung von Kindertageseinrichtung und Kirchengemeinde

Im Blick auf ihre gesellschaftlichen Aufgaben braucht die Kindertageseinrichtung die Kirchengemeinde mit deren Möglichkeiten, in die gesellschaftliche Öffentlichkeit hinein zu wirken. Kindertageseinrichtung und Kirchengemeinde sind so aufeinander angewiesen.

1. Inwiefern kann Kirchengemeinde mithelfen, bei Kindern und Familien Erfahrungen vertrauensvollen Miteinanders zu stärken?

    Die Kirchengemeinde führt z.B. mit Unterstützung der Kindertageseinrichtung eine Familienfreizeit durch.

2. Mit welchen Maßnahmen und Projekten kann die Kindertageseinrichtung zusammen mit der Kirchengemeinde auf die Eigenständigkeit der Mädchen und Jungen, Subjektorientierung, Kinderrechte, Partizipation am gesellschaftlichen Leben aufmerksam machen?

    Beim Gemeindefest wird in einer Aktion auf die Bedürfnisse und Rechte der Mädchen und Jungen aufmerksam gemacht.

3. Wie kann die Kirchengemeinde in der Öffentlichkeit die Empathiefähigkeit und Verantwortungsbereitschaft der Mädchen und Jungen zur Geltung bringen?

    Kirchengemeinde und Kindertageseinrichtung veranstalten ein Kinderparlament zur Gestaltung eines Stadtteilfests und geben den Mädchen und Jungen auch in anderen altersgemäßen Beteiligungsformen Stimme und Raum.

4. Wie finden christlich begründete Erfahrungen im Umgang mit Konflikten in der kirchlichen Öffentlichkeit Beachtung und wirken beispielgebend für das Zusammenleben?

    Im Jahresbericht der Kindertageseinrichtung werden Konfliktthemen nicht ausgeklammert.

5. Wo bietet die Kirchengemeinde ein Forum, um das Bewusstsein für kindliche Entdeckerfreude zu wecken und lebendig zu halten?

    Über entsprechende Projekte und deren Ergebnisse wird auf der Homepage der Kirchengemeinde berichtet.

6. Wie können Kindertageseinrichtung und Kirchengemeinde mit den Ideen und Äußerungen der Mädchen und Jungen den Fragen nach Gott und dem Glauben Aufmerksamkeit verschaffen, sei es zu Fragen nach dem Geheimnisvollen in der Welt oder angesichts von Katastrophen und schweren menschlichen Schicksalen?

Gemeinsam mit der Kirchengemeinde werden Projekte der Mädchen und Jungen zu solchen religiösen Fragen einer breiteren Öffentlichkeit vorgestellt.

7. Welche Möglichkeiten bietet die Kirchengemeinde, um Beispiele für die besondere Kreativität der Mädchen und Jungen und deren Förderung zu veröffentlichen?

    Das Gemeindehaus kann zur Galerie für Kinderkunst und –kultur werden.

8. Wie können Kindertageseinrichtung und Kirchengemeinde einander bei der Aufgabe unterstützen, biblisch begründete Bilder der Hoffnung in unserer Gesellschaft zu wecken, zu kommunizieren und dadurch für den Alltag der Menschen lebendig zu machen?

    Kindertageseinrichtung und Kirchengemeinde verdeutlichen das eigene Profil in der Beteiligung bei Dorf- und Stadtfesten.

D Qualitätsfragen zum interreligiösen Miteinander

Interreligiöse Erziehung und Bildung ist eine Aufgabe von großer gesellschaftlicher Tragweite. Der Aspekt des Interreligiösen wird aus dem Zusammenhang der interkulturellen Erziehung oft ausgeblendet. Gerade deshalb tritt die gesellschaftliche Aufgabe besonders klar vor Augen, das Leben in religiöser Pluralität und die dazu nötige „Fremdheitskompetenz" zugänglich zu machen. Es gilt zu lernen, den religiös anders Gebundenen angemessen zu begegnen. Weil Integrationsversuche oft scheitern und Ablehnung von Fremden um sich greift, erscheint das als der gesellschaftlich und theologisch gebotene Weg.

1. Wie wird die Kindertageseinrichtung als Ort des Zusammenlebens von Menschen unterschiedlicher religiöser Herkunft und als Ort wechselseitigen Vertrauens in das Bewusstsein der Öffentlichkeit gerückt?

    Die Kindertageseinrichtung regt an und beteiligt sich bei öffentlichen Veranstaltungen zur interkulturellen und interreligiösen Erziehung und Bildung.

2. Wie wird die gesellschaftliche Aufgabe öffentlich gemacht, Fremdes in seiner Eigenständigkeit bewusst wahrzunehmen und einen selbstverständlichen Umgang mit ihm einzuüben?

    Beispiele aus dem alltäglichen Miteinander trotz unterschiedlicher religiöser Traditionen werden in der lokalen Presse veröffentlicht.

3. Wie werden Modelle des Einübens wechselseitiger Verantwortung über den Raum der Kindertageseinrichtung hinaus bekannt gemacht?

    Die Kindertageseinrichtung bietet anderen Einrichtungen und den Schulen den Austausch über Erfahrungen zum interreligiösen Miteinander an.

4. Wie können Erfahrungen im Umgang mit Konflikten, die sich aus dem Miteinander von Kindern und Eltern unterschiedlicher religiöser und kultureller Herkunft ergeben, weiter vermittelt werden?

Im Arbeitskreis zur interreligiösen Erziehung werden gelungene Konfliktlösungen bekannt gemacht.

5. Wie kann die Neugier der Mädchen und Jungen, unbefangen mit religiöser Vielfalt umzugehen, auch andere Bereiche unserer Gesellschaft anregen?

Verhaltensweisen und Äußerungen der Mädchen und Jungen werden dokumentiert und in einer Veranstaltung zur interreligiösen Erziehung und Bildung vorgestellt.

6. Wie können positive Erfahrungen mit dem religiös Fremden anderen zur Hilfe werden, es nicht als Bedrohung zu empfinden und es nicht ablehnen oder verdrängen zu müssen.

Erziehende sind gefragt bei öffentlichen Podiumsdiskussionen zur interkulturellen Thematik und bringen dort eigene Erfahrungen und auch interreligiöse Aspekte ein.

7. Wie kann die Kreativität der Mädchen und Jungen in ihrem Umgang mit religiöser Vielfalt das Miteinander von Erwachsenen positiv motivieren?

Über gelungene Beispiele aus dem interreligiösen Alltag der Kindertageseinrichtung wird eine Dokumentation erarbeitet und interessierten Repräsentanten des öffentlichen Lebens zur Verfügung gestellt.

8. Wie können von der Kindertageseinrichtung aus Hoffnungsbilder des Zusammenlebens der kulturell und religiös Verschiedenen in die gesellschaftliche Öffentlichkeit hinein wirken?

Mit geeigneten Motiven werden Plakate gestaltet, die auf die Perspektiven der interkulturellen und -religiösen Arbeit in der Kindertageseinrichtung aufmerksam machen.

Auf dem Weg zur Praxis

Grundlagen bedenken – Praxis entwickeln

Die Biblisch-theologischen Grundorientierungen (Teil 1) und die Ausführungen zur Qualitätsentwicklung des evangelischen Profils (Teil 2) werden in diesem Teil 3 weiter auf die Praxis hin konkretisiert.

Dabei gehen wir davon aus, dass sich religiöse Betreuung, Erziehung und Bildung in unterschiedlichen Dimensionen ausdrücken, Gestalt finden und konkret entfalten (vgl. dazu: Christoph Th. Scheilke und Friedrich Schweitzer, Hrsg.: Kinder brauchen Hoffnung. Religion im Alltag des Kindergartens. Münster 2006, 2. korrigierte Auflage).

Folgende Dimensionen greifen wir auf:

Kunst und Kinderkultur

Raum

Zeit

Beziehungen

Körper und Sinne

Feste und Rituale

Erzählen und Gesprächskultur

Stille, Meditation, Gebet

Zu diesen bieten wir Leitfragen an, die Anstöße geben, Praxis wahrzunehmen, zu reflektieren und weiterzuentwickeln.

Es geht nicht darum, alle Dimensionen und Fragestellungen abzuarbeiten. Es ist vielmehr zu überlegen:

› Was ist für uns als Team im Blick auf unsere Einrichtung „dran"?

› Welche Dimension könnte uns weiterbringen?

› Was soll Schwerpunkt der Qualitätsentwicklung bei uns sein?

Es geht also darum, die Entscheidung für den Einstieg in eine Dimension zu fällen, die aufgezeigten Anstöße aufzugreifen und sich mit ihnen auf den Weg zu machen.

Das Ergebnis dieses Prozesses wird in der Formulierung von Qualitätsmerkmalen und dem Aufzeigen weiterer Schritte festgehalten.

Zum Abschluss der Beschäftigung mit einer Dimension wird diese mit den Grundmerkmalen ins Gespräch gebracht um zu überprüfen, wie sie in dieser Dimension aufgehoben sind und entfaltet werden.

Kunst und Kinderkultur

1. Zugänge

Was gehört für Sie im weitesten Sinne zur Kultur (z. B. Kleidung, Wohnen, Mahlzeiten, Vorstellungen von Schönem, Gesprächskultur, Streitkultur)?

Können Sie einige wenige Beispiele aus der Kultur Ihrer Herkunftsfamilie nennen?

Was haben Sie bewusst hinter sich gelassen?

Was möchten Sie davon bewahren?

Was ist Ihnen bei der Gestaltung der Kindergartenkultur wichtig?

Welche Zugänge zur Kunst (Musik, Malerei, Theater, Tanz, Film, Literatur, usw.) haben Sie selbst gewonnen?

Was schauen, hören, sehen Sie gern?

Was singen Sie gerne, wie bewegen Sie sich am liebsten?

In welchen Bereichen macht Ihnen der Umgang mit Kunst Mühe?

Worauf sind Sie neugierig?

Welche musischen Fähigkeiten entdecken Sie bei sich selbst?

Was pflegen Sie, worin üben Sie sich?

Wissen die Mitarbeiterinnen und Mitarbeiter im Team von Ihren Talenten?

Wie hat sich im Laufe Ihrer Biografie Ihr Umgang mit Kunst und Kulturen verändert oder entwickelt?

2. Die Kinder und der Kindergarten

Was Kinder mitbringen

Wie erfahren Sie von den Interessen und Vorlieben der Mädchen und Jungen?

Was erfahren Sie von den Herkunftskulturen der Kinder?

Ermuntern Sie Kinder, von ihrer Familienkultur zu erzählen (Geschichten, Gestaltung der Mahlzeiten, Sitten, Brauchtum)?

Wie kommen die unterschiedlichen Kulturen der Jungen und Mädchen im Kindergarten zum Ausdruck?

Werden Beispiele kultureller Verschiedenheit in der Raumgestaltung sichtbar?

Gibt es Musik, Kunstgegenstände, Fotos, Kleidungsstücke aus unterschiedlichen Kulturkreisen?

Welche Rolle spielt Kunst bei den Mädchen und Jungen, welche Zugänge zur Kunst entdecken Sie bei ihnen?

Wissen Sie, welche Bilder, Klänge, Formen, Farben die Jungen und Mädchen schätzen?

Mädchen und Jungen gestalten ihre Welt

Wie unterstützen Sie die unterschiedlichen Gestaltungsfähigkeiten der Kinder?

Welche Möglichkeiten haben die Jungen und Mädchen, ihre Eigen-Art zum Ausdruck zu bringen?

Welche Materialien stehen den Mädchen und Jungen zur Verfügung (Erde, Wasser, Ton, Farben, Papier, Staffelei, große Malflächen, Holz, Stoffe, Musikinstrumente usw.)?

Können die Kinder Erfahrungen mit Tönen und Klängen machen?

Können Jungen und Mädchen ihre Arbeiten im Kindergarten angemessen zur Geltung bringen (Ausstellungsfläche, Rahmen, Blickfang)?

Können Kinder selbst entscheiden, wie, wann und wo sie künstlerisch tätig sein wollen?

Welchen ästhetischen Eindruck vermittelt der Kindergarten selbst?

Wie gestalten Sie mit den Mädchen und Jungen die Räume?

Wie sorgfältig wählen Sie mit ihnen die Materialien, die Farben, die Bilder aus?

Wie gestalten Sie das Außengelände?

Wie werden die Gestaltungsvorschläge der Kinder ernst genommen und umgesetzt, damit ihre Kultur auch zum Tragen kommt?

Begegnungen mit Kunst

Betrachten Sie mit den Jungen und Mädchen Kunstwerke in Bildbänden, auf Postern oder Ähnlichem?

Hören Sie mit den Kindern aufmerksam Musik?

Welche Lieder singen Sie mit den Mädchen und Jungen?

Gibt es Gelegenheit zu unterschiedlichen körperlichen Ausdrucksformen (Tanz, Bewegung, Theaterspiel, Trommeln, Klatschen, u.s.w.)?

Wie werden die Jungen und Mädchen zum Innehalten, Betrachten, Aufmerksamsein angeregt?

Wie kommen Sie mit Kindern über Gesehenes, Erlebtes, Erschaffenes ins Gespräch?

Gibt es Rituale, die diese Gespräche erleichtern?

Sprechen Sie mit den Mädchen und Jungen über Gefühle von Freude und Traurigkeit, von Bekanntheit und Fremdheit, die sich bei der Begegnung mit Kunst einstellen?

Haben Sie Kontakt zu einem Museum, einer Galerie, einem Chor, einem Orchester, einem Theater und gehen Sie mit den Kindern dort hin?

Kennen Sie und die Jungen und Mädchen Künstler und Künstlerinnen und pflegen den Kontakt mit ihnen?

Gehen Sie regelmäßig mit den Kindern in Kinderbibliotheken und leihen Sie sich Bücher aus?

Wie greifen Sie die Begegnung mit den unterschiedlichen Ausdrucksformen der Kunst (z. B. Malerei, Musik, Bildhauerei) mit den Mädchen und Jungen im Alltag auf (Rollenspiel, Tanz, Musizieren, Fantasieren usw.)?

Zur religiösen Dimension von Kunst und Kultur

Wie versuchen Sie in der Begegnung mit der Kunst die Vielfalt des Lebens aufzunehmen, die sich bewegt zwischen schön und hässlich, Ordnung und Chaos, Harmonie und Disharmonie, fremd und vertraut, friedlich und erschreckend?

Nutzen Sie Anlässe, mit Kindern über Bedrohungen, Visionen und Hoffnungen zu sprechen, die in Bildern, in Musik, in Texten sichtbar werden?

Schaffen Sie Zeit und Raum, mit Jungen und Mädchen angesichts von Kunstwerken und den Gefühlen des Staunens und der Verwunderung auch darüber nachzudenken, was Menschen „heilig" ist?

Sprechen Sie mit Kindern auch über das, was Ihnen und den Kindern heilig ist?

… und die Erwachsenen

Ermutigen Sie Kolleginnen und Kollegen zum Ausdruck von Gefühlen,

sei es Freude, Dank, Klage, Bitte, Hoffnung – in Gesprächen

über Erlebnisse mit Kunst und Kulturen bzw. im eigenen Gestalten?

3. Bezug zu den Grundmerkmalen

Bedenken Sie bitte die Grundmerkmale (siehe Seite 45) im Blick auf diese Dimension und Ihre Praxis:

- Grundvertrauen
- Selbständigkeit
- Verantwortungsbewusstsein
- Mit Grenzen leben - Schuld und Vergebung
- Neugier
- Sinn für Geheimnisvolles
- Phantasie und Kreativität
- Hoffnung

Welche Grundmerkmale sind in dieser Dimension aufgehoben und wie kommt das in der Praxis zum Ausdruck?

Welches Grundmerkmal hat in Ihrer Praxis im Blick auf diese Dimension ein besonderes Gewicht?

Welches Grundmerkmal möchten Sie im Blick auf diese Dimension außerdem berücksichtigen oder stärker einbeziehen?

4. Konsequenzen

Formulieren Sie Ihr Qualitätsmerkmal (oder Qualitätsmerkmale) im Blick auf diese Dimension.

   Was sehen Sie neu oder anders?
   Worin sind Sie bestärkt?
   Was wollen Sie weiterentwickeln?
   Wie sieht der nächste Schritt aus?

5. Indikatoren/Beispiele

- Die Räume des Kindergartens sind maßgeblich von den Mädchen und Jungen gestaltet.
- Es gibt für Kinder und Erwachsene zugängliche Ausstellungsbereiche, die ästhetisch ansprechende Gegenstände, kulturspezifische Besonderheiten, qualitativ wertvolle Bücher usw. in den Blickfang rücken.
- Es gibt eine „Kitschecke", in der Jungen und Mädchen und Erzieherinnen und Erzieher Liebgewordenes präsentieren können.
- Kinder können ihnen wichtige Musik, Bilder, Bücher mitbringen und es gibt im Tagesablauf Platz, auf das Mitgebrachte einzugehen.
- Die Kunstwerke der Mädchen und Jungen werden herausgehoben präsentiert. Jedes Kind findet in regelmäßigen Abständen seine künstlerischen Arbeiten an gut sichtbarer Stelle ausgestellt.
- Der Kindergarten verzichtet auf eine „kindertümelnde" und überladene Raumgestaltung. Alle bemühen sich um Zonen ästhetischer Klarheit, in denen das Auge ausruhen kann.
- Einige wertvolle – für Kinder sowie Erzieherinnen und Erzieher anregende – Kunstdrucke hängen im Wechselrahmen.
- Die kindliche Fabulierlust (Reime, Nonsens-Verse usw.) und rhythmische Spielereien werden unterstützt und gefördert. Gelegenheiten und Anlässe dazu werden aufgenommen (z. B. beim Werken oder Kochen).
- Unterschiedliche Musikinstrumente stehen auch zum spontanen Gebrauch zur Verfügung.

Raum

1. Zugänge

In welchen Räumen fühlen Sie sich wohl?

Welche Räume suchen Sie gerne auf oder meiden Sie möglichst?

Welche Bedeutung haben Räume für Sie selbst?

Wo erleben Sie Raum als Gestaltungsraum, wo als Begrenzung?

Sind Sie gern draußen?

Wie erleben Sie die Räume im Kindergarten?

Was ist Ihnen an Räumen, die Sie gestaltet haben, wichtig?

Welche Räume haben Sie und Ihr Team im Kindergarten?

Gibt es für Sie Möglichkeiten, sich in den Pausen zurückzuziehen?

2. Die Kinder und der Kindergarten

Erste Eindrücke

Stellen Sie sich vor, ein Kind kommt zum ersten Mal in den Kindergarten: Was strahlt das Haus aus, welche Sprache sprechen die Räume und das Außengelände (einladend, hell, freundlich, natürlich usw.)?

Wie duftet Ihr Kindergarten?

Sind die Räume gut gelüftet?

Welchen akustischen Eindruck machen die Räume?

Wirken die Räume gepflegt?

Gibt es in den Räumen Blickpunkte, die ihnen Perspektive geben, vielleicht ein schönes Bild, die Deckengestaltung, ein religiöses Motiv, ein frischer Blumenstrauß?

Welche Räume sind für Jungen und Mädchen im Kindergarten zugänglich?

Erfahrungs-Räume

Welche persönlichen Spuren von Mädchen und Jungen sind in den Räumen zu entdecken?

Welche Erfahrungen können Kinder in diesen Räumen machen?

Gibt es eine Mitte im Kindergarten, d.h. einen Ort, wo man sich begegnen kann?

Haben die Jungen und Mädchen weitgehend selbst die Räume gestaltet, können sie sie verändern?

Bieten die Räumlichkeiten Zonen zum Wohlfühlen, zum Ausruhen und zur Kommunikation?

Was ist in den Räumen den Mädchen und Jungen zugänglich?

Welche Perspektive auf den Raum haben die Allerkleinsten?

Raum für sich selbst

Haben die Kinder in einem Raum die Möglichkeit, persönliche Gegenstände zu verwahren?

Können sich Kinder allein zurückziehen und die Anwesenheit von Erwachsenen ausschließen?

Haben Jungen und Mädchen mit Beeinträchtigungen zu allem Zugang?

Welche Räume können Krabbelkinder erobern?

Was sehen, hören, berühren, riechen sie dabei?

Wie können sie sich bewegen? Woran sich hochziehen?

Religiöse Bezüge

Gibt es einen „Raum der Stille", in den sich die Mädchen und Jungen zurückziehen können?

Welche religiösen Symbole sind zu entdecken?

Sind sie auch für die jüngsten Kinder sichtbar?

Wie wird in den Räumen erkennbar, dass Kinder verschiedener Kulturen und Religionen in ihnen leben?

Was wissen Sie über die Bedeutung von Räumen in anderen Kulturen bzw. Religionen?

Wird auf religiöse und kulturelle Besonderheiten Rücksicht genommen?

Gibt es z. B. zur Erntezeit bzw. anlässlich des Erntedankfests einen kleinen Erntealtar?

Welche anderen religiösen Feste werden im Laufe des Jahres sichtbar?

… und die Erwachsenen

Haben Eltern eine gemütliche Ecke, wo sie verweilen können?

Haben andere Gruppen Zugang zu den Kindergartenräumlichkeiten (z. B. Gemeindegruppen, Nachbarschaft, Müttertreffs, Familienfeierlichkeiten, Literaturtreffs, Gymnastikgruppen usw.)?

Draußen und außerhalb der Einrichtung

Welche Außenräume sind den Kindern zugänglich?

Werden die den Kindergarten weiter umgebenden Räume (z. B. Gemeindehaus, Kirche) einbezogen und finden dort Aktivitäten statt?

Welche Anregungen bietet das Außengelände und was ermöglicht es an Erfahrungen?

Gibt es auch dort Orte, wo Mädchen und Jungen sich unbeobachtet zurückziehen können?

Welche Naturerlebnisse sind in dem Außengelände möglich und wie regt es zur Sensibilität für die Schöpfung an?

Haben Sie ein Gemüse- bzw. Blumenbeet, das Kinder bestellen und wo sie Wachsen und Gedeihen beobachten können?

Gibt es im Außengelände eine Kommunikationsecke?

Welche Gelegenheiten gibt es für die Jüngsten, das Außengelände zu erforschen und dort Platz für sich zu finden?

3. Bezug zu den Grundmerkmalen

Bedenken Sie bitte die Grundmerkmale (siehe Seite 45) im Blick auf diese Dimension und Ihre Praxis:

- Grundvertrauen
- Selbständigkeit
- Verantwortungsbewusstsein
- Mit Grenzen leben - Schuld und Vergebung
- Neugier
- Sinn für Geheimnisvolles
- Phantasie und Kreativität
- Hoffnung

Welche Grundmerkmale sind in dieser Dimension aufgehoben und wie kommt das in der Praxis zum Ausdruck?

Welches Grundmerkmal hat in Ihrer Praxis im Blick auf diese Dimension ein besonderes Gewicht?

Welches Grundmerkmal möchten Sie im Blick auf diese Dimension außerdem berücksichtigen oder stärker einbeziehen?

4. Konsequenzen

Formulieren Sie Ihr Qualitätsmerkmal (oder Qualitätsmerkmale) im Blick auf diese Dimension.

- Was sehen Sie neu oder anders?
- Worin sind Sie bestärkt?
- Was wollen Sie weiterentwickeln?
- Wie sieht der nächste Schritt aus?

5. Indikatoren/Beispiele

- Der Eingangsbereich des Kindergartens ist besonders freundlich und einladend gestaltet.
- Der Kindergarten ist gelüftet und es riecht gut.
- Es gibt Spuren von den Bewohnern und Bewohnerinnen des Hauses (Fotos von Kindern, Erziehern und Erzieherinnen, ansprechend präsentierte Kinderzeichnungen).
- Ihre Vielfalt wird sichtbar.
- Es gibt eine „Neuigkeiten-Ecke", wo Kinder aktuell Erlebtes, Wichtiges, Nachrichten usw. „loswerden" können (schwarzes Brett mit Symbolen für Kinder).
- Die Jungen und Mädchen können selbst bestimmen, in welchen Räumen sie spielen wollen.
- Regale und Spielflächen wirken nicht überladen.
- Die Eltern finden ein stets aktualisiertes schwarzes Brett, das auch einladend gestaltete Informationen über das Leben der Kirchengemeinde enthält.
- Es gibt deutliche Zeichen religiösen Lebens im Kindergarten.
- Die christlichen Feste sind bei der Raumgestaltung präsent, es wird jedoch möglichst auf Kitsch und überladene Ausgestaltung verzichtet.
- Das Außengelände wirkt nicht einengend und bietet Möglichkeiten für schöpferisches Gestalten in vielerlei Form.
- Es gibt Platz für Lebendiges (Blumen, Beete für die Kinder, vielleicht Kindergartentiere).

- Es gibt viele Möglichkeiten zur Kommunikation, Gesprächsecken für Eltern, Bücherecke zum Lesen, Kaffeebar.
- Innen- und Außenräume sind für die Kleinsten geeignet.

Zeit

1. Zugänge

Welche Erfahrung mit Zeit, welches Erleben von Zeit haben Sie selbst?

Was bedeutet Ihr Lebensalter für Ihren Umgang mit Ihrer Zeit?

Hat sich Ihr Erleben von Zeit mit zunehmendem Alter verändert?

Wie gehen Sie selbst mit Ihrer Zeit um?

Fühlen Sie sich in ein Zeit-Korsett eingezwängt? Fühlen Sie sich gehetzt, atemlos?

Können Sie freie Zeit genießen?

Womit verbringen Sie gern Ihre Zeit?

Wie gestalten Sie Ihre Arbeitszeit als Erzieherin/Erzieher? Welchen Sachzwängen sind Sie unterworfen? Welche Freiräume zur Gestaltung der Zeit haben Sie und wie nutzen Sie diese?

Wie gehen Sie in Ihrem Team mit Ihrer Zeit um?

Finden Sie Zeit für langfristige Planung?

Kennen Sie Ihre wichtigsten „Zeitdiebe"?

Haben Sie ab und zu während Ihrer Arbeitszeit Momente der Ruhe oder der Stille?

2. Die Kinder und der Kindergarten

Wie Kinder Zeit erleben

Welche Zeit-Erfahrungen und welches Zeit-Erleben bringen die Mädchen und Jungen in den Kindergarten mit?

Wissen Sie, welche Jungen und Mädchen hastig ankommen, welche Eltern es besonders eilig haben?

Versuchen Sie sich in das subjektive Zeiterleben der Kinder einzufühlen:

- Wie erfahren und erleben die Mädchen und Jungen in Ihrer Gruppe/Ihrem Kindergarten den Zeitablauf?
- Nehmen Sie Langeweile, Unlust, Heimweh als Botschaften der Jungen und Mädchen auf?
- Nehmen Sie wahr, wie Kinder in bestimmte Tätigkeiten versunken sind und die Zeit vergessen? Wie reagieren die Mädchen und Jungen auf Unterbrechungen?

Welche Formen des Rückzugs oder der Pause beobachten Sie bei den Jungen und Mädchen?

Erleben Sie bei Kindern anderer Kulturen und anderer Religionen ein anderes Zeit-Verständnis und ein anderes Zeit-Empfinden?

Zeit für Kinder

Nehmen Sie sich Zeit für ankommende Kinder?

Können Mädchen und Jungen in Ruhe ankommen?

Haben Sie Zeit, wenn Kinder mit Fragen oder Anliegen zu Ihnen kommen, wenn sie Ihre Nähe suchen?

Wie viel Zeit zum Aufwachen und Kuscheln haben die Jungen und Mädchen nach dem Mittagsschlaf?

Strukturierte Zeit

Wann werden Kinder zu bestimmten Tätigkeiten oder zu deren Abschluss gedrängt?

Wie geben Sie Mädchen und Jungen Sicherheit im Umgang mit ihrer Zeit?

Wie werden die Zeiten der Woche (Anfang, Höhepunkte, Abschluss) und die Tageszeiten begangen?

Gibt es wiedererkennbare Tages-, Wochen- und Jahresrhythmen?

Wie nehmen Sie in Ihrem Kindergartenalltag mit den Jungen und Mädchen die Jahreszeiten wahr:

- das Kindergartenjahr in seiner eigenen Dynamik
  (Aufnahme neuer Kinder, Abschiede usw.)
- das Jahr der Natur im Werden und Vergehen

- das Kirchenjahr in seinen Festen, Symbolen, Ritualen und Bräuchen
- die Feste anderer Religionen (z. B. Ramadan, Chanukka)

Gestaltete Zeit

Inwiefern können die Kinder selbst über den Umgang mit ihrer Zeit entscheiden?

Gibt es verlässliche Zeiten, in denen Mädchen und Jungen, Erzieher und Erzieherinnen miteinander die gemeinsame Zeit planen?

Welche Klänge, Geräusche, Farben, Gerüche sind mit bestimmten Zeiten verbunden?

Welche Rituale, Geschichten, Lieder, Aktionen, Spiele helfen Ihnen und den Kindern, Zeit zu gestalten?

Wie werden „besondere Zeiten" in der Umgebung des Kindergartens wahrgenommen (Markttag, Vereinsfeste, Gemeindefeste usw.)?

3. Bezug zu den Grundmerkmalen

Bedenken Sie bitte die Grundmerkmale (siehe Seite 45) im Blick auf diese Dimension und Ihre Praxis:

- Grundvertrauen
- Selbständigkeit
- Verantwortungsbewusstsein
- Mit Grenzen leben - Schuld und Vergebung
- Neugier
- Sinn für Geheimnisvolles
- Phantasie und Kreativität
- Hoffnung

Welche Grundmerkmale sind in dieser Dimension aufgehoben und wie kommt das in der Praxis zum Ausdruck?

Welches Grundmerkmal hat in Ihrer Praxis im Blick auf diese Dimension ein besonderes Gewicht?

Welches Grundmerkmal möchten Sie im Blick auf diese Dimension außerdem berücksichtigen oder stärker einbeziehen?

4. Konsequenzen

Formulieren Sie Ihr Qualitätsmerkmal (oder Qualitätsmerkmale) im Blick auf diese Dimension.

Was sehen Sie neu oder anders?
Worin sind Sie bestärkt?
Was wollen Sie weiterentwickeln?
Wie sieht der nächste Schritt aus?

5. Indikatoren/Beispiele

- Das Ankommen der einzelnen Kinder am Morgen erfährt besondere Aufmerksamkeit.
- Die zeitlichen Strukturen des Alltags und die Gestaltung der Zeit werden mit den Jungen und Mädchen ausgehandelt.
- Die Mädchen und Jungen bestimmen über ihre Zeiteinteilung während des Kindergartentages selbst. Sie werden dabei von den Fachkräften unterstützt.
- Die unterschiedlichen Bedürfnisse und Bio-Rhythmen der Kinder werden ernst genommen.
- Rituale strukturieren den Gruppenalltag und geben den Mädchen und Jungen Sicherheit und stärken sie.
- Das Kirchenjahr kommt in Liedern, Geschichten und Ritualen des Kindergartenlebens zum Ausdruck.
- Rituale, Geschichten und Lieder der Jungen und Mädchen aus den verschiedensten Kulturen finden ihren Platz im täglichen Rhythmus des Kindergartenlebens.
- Mädchen und Jungen dürfen sich nach ihren Bedürfnissen „Auszeit" nehmen und sich zurückziehen.
- Es gibt erkennbare Höhepunkte im Kindergartenjahr, die mit Kindern und Eltern gemeinsam vorbereitet werden.

Beziehungen

1. Zugänge

Was ist für Sie im Blick auf gelingende Beziehungen wichtig?

Sprechen Sie mit anderen über Ihre biografischen Erfahrungen?

Reflektieren Sie für sich und mit anderen Veränderungen, Abbrüche und Neubeginn in Beziehungen?

Wie grenzen Sie freundschaftliche Beziehungen und Arbeitsbeziehungen voneinander ab?

Wie gehen Sie mit Ihren Grenzen und Fehlern um und wie mit den Grenzen und Fehlern anderer?

Wie finden Sie Ihr Gleichgewicht zwischen Distanz und Nähe?

Wie werden die Arbeitsbeziehungen zu Kolleginnen/Kollegen, Leiter/Leiterin, Trägervertreterinnen/Trägervertretern gestaltet?

Wie geht Ihr Team mit Konflikten um?

Gibt es Regelungen für Konfliktsituationen (kollegiale Beratung, Teamsupervisionen)?

Wie beschreiben Sie Ihre Beziehung zu einzelnen Jungen und Mädchen und wie zur gesamten Gruppe?

Worin besteht für Sie so genanntes jungentypisches oder mädchentypisches Verhalten und wie reagieren Sie jeweils darauf?

2. Die Kinder und der Kindergarten

Verlässlichkeit erleben

Wie erfahren Kinder im Kindergarten verlässliche Beziehungen?

Unterstützen Sie die Entwicklung von Beziehungen auf der Basis grundsätzlicher Akzeptanz?

Wie werden Freundschaften unter Kindern respektiert und gestützt?

Beobachten und unterstützen Sie aufmerksam Kinder in ihren Beziehungen zu Kindern und Erwachsenen?

Unterstützen Sie die Solidarität der Kinder untereinander, auch wenn sie vermeintlich gegen die Gruppenregeln verstößt?

Respektieren Sie die Individualität der einzelnen Mädchen und Jungen und zeigen Sie ihnen das auch?

Wie nehmen Sie selbst Jungen und Mädchen mit besonderen Bedürfnissen wahr?

Begleitung in Abgrenzung, Konflikten, Übergängen

Respektieren Sie den momentanen Rückzug eines Kindes und gehen Sie mit seiner Abgrenzung verständnisvoll um?

Wie lernen Mädchen und Jungen im Kindergarten mit Konflikten konstruktiv umzugehen?

Gibt es ritualisierte Zusammenkünfte (Kinderkonferenz u. Ä.), bei denen Konflikte unter Kindern altersgemäß ausgehandelt werden können?

Begleiten Sie die Jungen und Mädchen teilnehmend bei Erfahrungen gefährdeter oder zerbrechender Beziehungen?

Respektieren Sie Gefühle der Kinder wie Wut, Trauer, Abneigung, Schmerz, Enttäuschung?

Wie ermöglichen Sie gelingende Beziehungsübergänge (z. B. von zu Hause in den Kindergarten, Wechsel der Erzieherin/ des Erziehers, Freundschaften, Übergang zur Grundschule, Umzüge)?

Gibt es Rituale, die Transitionen (Übergänge) begleiten?

Mit Unterschieden umgehen lernen

Können die Kinder am Vorbild der Erwachsenen lernen, dass unterschiedliche, auch einander widersprechende Anschauungen respektiert und geachtet werden?

Beachten Sie, dass die Kinder in Ihrer Gruppe Mädchen und Jungen sind?

Achten Sie auf geschlechtsspezifische Zuschreibungen ebenso wie auf vorschnelle Gleichmacherei?

Spielen Mädchen- und Jungenemanzipation bei der Auswahl der Bilderbücher für Sie eine Rolle?

Nehmen Sie Körperkontakt zu Kindern nur dann auf, wenn diese dies ausdrücklich möchten?

Beachten Sie, welche unterschiedliche Bedeutung Körperkontakte für die Kinder in ihrer Vielfalt haben?

Wie wird in der Gruppe mit Fremdsein umgegangen?

Unterstützen Sie das Wahrnehmen der je besonderen Individualität und Eigenart aller Jungen und Mädchen, ganz gleich, ob mit oder ohne Behinderungen?

Was fördert die Beziehungen zwischen Kindern unterschiedlicher Milieus, unterschiedlicher Kulturen und Religionen und den damit verbundenen Bedürfnissen?

Wie gestalten Sie das Prinzip, die Vielfalt der Kinder als Reichtum zu schätzen, die Heterogenität als Gewinn zu verstehen?

Beziehungen in Geschichten

Erzählen Sie Mädchen und Jungen Geschichten über Freundschaft, Liebe, Streit und Trennung?

Erzählen Sie ihnen Geschichten von Scheitern und Neubeginn?

Erzählen Sie ihnen Geschichten vom gleichberechtigten Zusammenleben von Menschen in ihrer Vielfalt?

Beziehung zu Gott

Wie erfahren die Jungen und Mädchen, dass Gott sich allen Menschen ohne Unterschied zuwendet und sie so annimmt wie sie sind?

Inwiefern bieten Erziehende Symbole, Bilder, Geschichten, Spiele, Rituale und Lieder vom christlichen Glauben an, die zur Entwicklung von Beziehungen beitragen?

… und die Erwachsenen

Wie erfahren Mädchen und Jungen, dass ihre Eltern und Angehörigen von den Erzieherinnen und Erziehern geachtet und respektiert werden?

3. Bezug zu den Grundmerkmalen

Bedenken Sie bitte die Grundmerkmale (siehe Seite 45) im Blick auf diese Dimension und Ihre Praxis:

- Grundvertrauen
- Selbständigkeit

- Verantwortungsbewusstsein
- Mit Grenzen leben - Schuld und Vergebung
- Neugier
- Sinn für Geheimnisvolles
- Phantasie und Kreativität
- Hoffnung

Welche Grundmerkmale sind in dieser Dimension aufgehoben und wie kommt das in der Praxis zum Ausdruck?

Welches Grundmerkmal hat in Ihrer Praxis im Blick auf diese Dimension ein besonderes Gewicht?

Welches Grundmerkmal möchten Sie im Blick auf diese Dimension außerdem berücksichtigen oder stärker einbeziehen?

4. Konsequenzen

Formulieren Sie Ihr Qualitätsmerkmal (oder Qualitätsmerkmale) im Blick auf diese Dimension.

>Was sehen Sie neu oder anders?
>Worin sind Sie bestärkt?
>Was wollen Sie weiterentwickeln?
>Wie sieht der nächste Schritt aus?

5. Indikatoren/Beispiele

- Die sozialen Regeln der Gruppe und der Umgang von Kindern und Erwachsenen sind transparent.
- Die Regeln werden zusammen mit den Jungen und Mädchen erarbeitet.
- Die Erzieher und Erzieherinnen verzichten auf autoritäres Verhalten.
- Altersgemäße Formen der Partizipation werden unterstützt. Nonverbaler Ausdruck von Affekten und nonverbale Kommunikation finden Aufmerksamkeit.
- Auf die Partizipationsmöglichkeiten von behinderten Mädchen und Jungen, sowie auf die der jüngeren Kinder, wird besonders geachtet.

- Die Kinder werden in der Wahl ihrer Freundinnen und Freunde unterstützt und nicht kritisiert.
- Den Jungen und Mädchen werden Beziehungen zu anderen Kindern nicht mit moralischen Argumenten aufgenötigt.
- Die Erzieherinnen und Erzieher sind ehrlich und verzichten auf Manipulation.
- Die Erzieherinnen und Erzieher sehen die Stärken der Kinder und stellen sie in den Vordergrund.
- Die Erzieherinnen und Erzieher respektieren, dass sich Kinder mit Migrationserfahrung untereinander auch in ihrer Muttersprache verständigen.
- Raufereien und Ringkämpfe von Mädchen oder Jungen werden auch als Aktivitäten zur Beziehungsaufnahme verstanden und respektiert.
- Es gibt Bilderbücher und Geschichten aus allen in der Einrichtung vertretenen Kulturen und Sprachen zu Themen wie Freundschaft, Liebe, Trennung, Abschied, Junge sein, Mädchen sein, gesund sein, krank sein, alt und jung usw.
- Biblische Geschichten und Gleichnisse zu diesen Themen gehören zum Standardrepertoire der Kindertageseinrichtung.
- Bei der Aufnahme der unter Dreijährigen wird der Wechsel der Bindungspersonen feinfühlig gestaltet.
- Die Verlässlichkeit der Bindungspersonen ist besonders für die Jüngsten gewährleistet.
- Beim Wickeln wird auf ausgiebige Kommunikation geachtet.

Körper und Sinne

1. Zugänge

Auf welche Sinneswahrnehmungen sprechen Sie besonders an?

Sind Sie eher ein visueller oder auditiver Mensch?

Welche Rolle spielt für Sie, wie etwas riecht oder wie es sich anfühlt?

Welche Körpererfahrungen tun Ihnen gut, welche möchten Sie vermeiden?

Welche Bedeutung haben Bewegung und Sport in Ihrem Alltag?

Wie bauen Sie Spannungen ab und finden zur Ruhe?

Haben Sie sich schon mit Krankheit, Sterben und Tod beschäftigt?

Auf welche Art und Weise genießen Sie?

Was gehört für Sie zur Lebensfreude?

2. Die Kinder und der Kindergarten

Raum für Körperlichkeit und Sinne

Welche Körper- und Sinneserfahrungen ermöglicht der Kindergarten?

Welche Bereiche im Kindergarten laden dazu ein, sich lustvoll und sinnenvoll zu beschäftigen?

Was gibt es zu hören, zu sehen, zu riechen, zu schmecken, zu tasten?

Werden Spiele angeboten, die die Ausbildung der Sinne unterstützen?

Wie werden kompensierende Fähigkeiten von Kindern mit Handicap unterstützt und gefördert?

Wissen Sie, was die Mädchen und Jungen genießen?

Nehmen Sie Körperkontakt zu Kindern nur dann auf, wenn diese dies ausdrücklich möchten?

Haben die Jungen und Mädchen genügend Bewegungsspielräume und können sie diese nutzen, wann immer sie wollen?

Können Kinder mit Bewegungseinschränkungen alle Orte erreichen?

Wird die Intimsphäre von Mädchen und Jungen geachtet?

Welche Erfahrungen machen die Kinder mit Gebärden, Gesten, Musik, Bildern, Materialien zum Gestalten (z. B. Ton) und Gegenständen aus der Natur?

Erfahrungen mit Sexualität

Werden zärtliche und lustvolle Spiele der Kinder im Kindergarten zugelassen?

Wird kindliche Sexualität in allen ihren Ausdrucksformen geachtet?

Erfahrungen mit Nahrung

Wird gesundes und abwechslungsreiches Essen in anregender Aufmachung angeboten?

Welche Anregungen erhalten die Jungen und Mädchen zur Entwicklung eines eigenen Geschmacks?

Wird auf Belehrungen und Herabsetzung von Essensgewohnheiten der Kinder verzichtet?

Wird Neugier auf Unbekanntes geweckt?

Wird auf kulturelle Eigenarten und Speisevorschriften geachtet?

Erfahrungen mit Gesundheit, Krankheit, Leben und Tod

Wird das Leben in seiner Vielfalt zum Thema für Dank und Freude, Klage und Bitte?

Werden Beobachtungen und Äußerungen zum Zusammenleben mit behinderten Kindern aufgenommen und damit zusammenhängende Fragen beantwortet?

Wie gehen Sie im Gespräch mit Mädchen und Jungen damit um, dass Leben begrenzt ist und dass Krankheit, Sterben und Tod zum Leben gehören?

Wie fördern Sie diesbezügliche Wahrnehmungen und Beobachtungen?

Körper und Sinne in religiösen Bezügen

Welche Rolle spielen Körper- und Sinneserfahrungen in der religiösen Erziehung?

Regt das Erzählen von biblischen Geschichten Vorstellungen vom Spüren, Riechen, Schmecken, Hören, Sehen an?

Wird beim Erzählen biblischer Geschichten deutlich, dass Jesus ein sinnenfreudiger Mensch war?

Wird die Bedeutung von Körper und Sinnen in den unterschiedlichen Kulturen und Religionen der Jungen und Mädchen beachtet?

Was haben Sie von den Mädchen und Jungen zu diesem Thema erfahren?

Werden besondere Bekleidungsregeln anderer Religionen im Kindergarten geschätzt und beachtet?

3. Bezug zu den Grundmerkmalen

Bedenken Sie bitte die Grundmerkmale (siehe Seite 45) im Blick auf diese Dimension und Ihre Praxis:

- Grundvertrauen
- Selbständigkeit
- Verantwortungsbewusstsein
- Mit Grenzen leben - Schuld und Vergebung
- Neugier
- Sinn für Geheimnisvolles
- Phantasie und Kreativität
- Hoffnung

Welche Grundmerkmale sind in dieser Dimension aufgehoben und wie kommt das in der Praxis zum Ausdruck?

Welches Grundmerkmal hat in Ihrer Praxis im Blick auf diese Dimension ein besonderes Gewicht?

Welches Grundmerkmal möchten Sie im Blick auf diese Dimension außerdem berücksichtigen oder stärker einbeziehen?

4. Konsequenzen

Formulieren Sie Ihr Qualitätsmerkmal (oder Qualitätsmerkmale) im Blick auf diese Dimension.

    Was sehen Sie neu oder anders?
    Worin sind Sie bestärkt?
    Was wollen Sie weiterentwickeln?
    Wie sieht der nächste Schritt aus?

5. Indikatoren/Beispiele

- Es gibt im Kindergarten Orte und Gelegenheiten, in denen Kinder unbeobachtet Gelegenheit zur Zärtlichkeit und zum Schmusen mit anderen Kinder haben (Doktorspiele, Familienspiele usw.).
- Es gibt täglich für alle Kinder ausreichend Möglichkeit zur Bewegung draußen und drinnen, wann immer sie das Bedürfnis dazu haben.
- Jungen und Mädchen werden angeregt, ihren Körper lustvoll zu pflegen, die notwendigen Hantierungen (Händewaschen, Zähneputzen, evtl. Duschen, Baden, Cremen usw.) finden in freundlicher, geschützter Atmosphäre statt und dienen sowohl dem positiven Körpergefühl als auch der Vermittlung von Hygiene.
- Reinlichkeits- und Speisevorschriften anderer Religionen werden unterstützt und geachtet.
- Kinder werden an Einkauf, Würzen und Kochen von Speisen beteiligt.
- Es gibt einen abwechslungsreichen Speiseplan.
- Es gibt eine Planung, wie plötzlich erkrankte Kinder im Kindergarten versorgt und gehütet werden können.
- Erkrankte Mädchen und Jungen werden besucht, bzw. bekommen kleine Aufmerksamkeiten (Briefe, Bilder) durch die anderen Kinder.
- Jungen und Mädchen, die Angehörige verloren haben, werden begleitet. Fragen nach Tod und Sterben wird nicht ausgewichen.
- Die Kindergartengruppe bezieht den Friedhof in ihre Ausflugsziele ein und sucht Gelegenheiten, dabei auch über Sterben und Tod zu reden.
- Es werden biblische und auch außerbiblische Hoffnungs- und Heilungsgeschichten erzählt.
- Schwangerschaften von Müttern und Erzieherinnen werden zum Anlass genommen, über das werdende Leben und die Geburt zu sprechen.
- ´Neugeborene Geschwister werden in der Gruppe freudig begrüßt.

Feste und Rituale

1. Zugänge

Welche Bedeutung haben Feste und Rituale für Sie?

Welche Feste sind Ihnen besonders wichtig und worauf achten Sie bei ihrer Gestaltung?

Welche Rituale haben Sie als hilfreich erlebt?

2. Die Kinder und der Kindergarten

Feste und Rituale im Alltag des Kindergartens

Welche Feste und Rituale kommen im Zusammenleben mit den Mädchen und Jungen vor?

Welche Rituale strukturieren den Tag, die Woche, das Jahr?

Welche Feste werden gefeiert und geben dem Jahr einen Spannungsbogen?

Welche „Spontanfeste" der Jungen und Mädchen finden statt und wie werden sie durch Erzieherinnen und Erzieher unterstützt?

Wie werden Übergänge und Abschiede wahrgenommen und gestaltet?

Wie werden Feste mit Kindern gemeinsam geplant, vorbereitet und durchgeführt?

Wie offen sind Feste und Rituale für die Teilnahme aller Kinder?

Wie werden Rituale, die Mädchen und Jungen selbst entwickelt haben, in die Arbeit einbezogen?

Christliche und nichtchristliche Feste

Welche Bedeutungen christlicher Feste werden zur Sprache gebracht?

Wie kommen die Feste und Rituale der Kinder aus anderen Kulturen und Religionen vor?

Hängt in der Einrichtung ein interreligiöser Festkalender und werden Feste verschiedener Religionen im Kindergartenalltag aufgenommen?

Werden Personen, die sich mit den jeweiligen Festen gut auskennen, eingeladen (z. B. Eltern und ältere Geschwister)?

… und die Erwachsenen
Wie werden Eltern und weitere Personengruppen in Feste und Rituale einbezogen?

3. Bezug zu den Grundmerkmalen

Bedenken Sie bitte die Grundmerkmale (siehe Seite 45) im Blick auf diese Dimension und Ihre Praxis:

- Grundvertrauen
- Selbständigkeit
- Verantwortungsbewusstsein
- Mit Grenzen leben - Schuld und Vergebung
- Neugier
- Sinn für Geheimnisvolles
- Phantasie und Kreativität
- Hoffnung

Welche Grundmerkmale sind in dieser Dimension aufgehoben und wie kommt das in der Praxis zum Ausdruck?

Welches Grundmerkmal hat in Ihrer Praxis im Blick auf diese Dimension ein besonderes Gewicht?

Welches Grundmerkmal möchten Sie im Blick auf diese Dimension außerdem berücksichtigen oder stärker einbeziehen?

4. Konsequenzen

Formulieren Sie Ihr Qualitätsmerkmal (oder Qualitätsmerkmale) im Blick auf diese Dimension.

- Was sehen Sie neu oder anders?
- Worin sind Sie bestärkt?
- Was wollen Sie weiterentwickeln?
- Wie sieht der nächste Schritt aus?

5. Indikatoren/Beispiele

- Es gibt Geburtstagsrituale, die die Wünsche und Bedürfnisse des einzelnen Kindes nach besonderer Wertschätzung und Herausgehobensein befriedigen.
- Feste aus anderen Kulturkreisen werden mit Expertinnen und Experten aus den Herkunftsfamilien vorbereitet und gefeiert. Die christlichen Kinder sind bei solch einem Fest bei Kindern aus anderen Religionen zu Gast.
- Bei den spezifisch christlichen Festen werden andersgläubige Jungen und Mädchen als Gäste aufgenommen, deren Speisevorschriften werden dabei beachtet.
- Ideen der Mädchen und Jungen für spontane Feste werden von den Erziehern und Erzieherinnen unterstützt, auch wenn für diesen Tag andere Aktivitäten vorgesehen waren.
- Bei den Vorbereitungen der Feste werden die Kinder und ihre Familien einbezogen. Die Orientierung der Festgestaltung an Themen erleichtert die Ideenfindung und reduziert Konsumverhalten.
- Zu Familiengottesdiensten werden Familien anderen Glaubens herzlich eingeladen. Es wird jedoch akzeptiert, wenn sie diese Einladung nicht annehmen wollen.

Erzählen und Gesprächskultur

1. Zugänge

Welche Bedeutung hat für Sie das Erzählen und das Gespräch?

Welche Erzählungen sind Ihnen aus Ihrer Kindheit vertraut?

Welche Geschichten aus der christlichen Tradition kennen Sie und welche sind Ihnen besonders wertvoll?

Zu welchen Personen aus den Geschichten haben Sie eine besondere Beziehung, welche sind Ihnen fremd geblieben?

Welche Geschichten aus anderen Religionen und Kulturen sind Ihnen bekannt, welche werden in der Einrichtung erzählt?

Kennen Sie Personen und Figuren aus der religiösen Tradition anderer Kulturen, kennen Sie Sagen und Märchen aus anderen Ländern?

Haben Sie selbst Freude am Erzählen?

Spüren Sie bei Ihrem Erzählen die Resonanz der Zuhörenden?

2. Die Kinder und der Kindergarten

Lust am Erzählen

Gibt es regelmäßig Gelegenheit für die Mädchen und Jungen, eigene Erlebnisse zu erzählen?

„Spinnen" Sie mit ihnen angefangene Erzählfäden weiter, machen Sie Fantasiereisen, fabulieren oder dichten Sie gemeinsam?

Was bringen die Kinder an Geschichten mit und wie kommen die Geschichten der Kinder im Leben der Kindertagesstätte vor?

Für welche Geschichten interessieren sich Ihre Jungen und Mädchen besonders?

Erzähltraditionen

Welche Bedeutung hat das Erzählen in den verschiedenen Kulturen und Religionen der Kinder?

Welche religiösen Erzähltraditionen gibt es in den Herkunftsfamilien der Kinder und wie kommen Sie mit ihnen und ihren Eltern darüber ins Gespräch?

Wie kommt die Vielfalt des Lebens und der Menschen in den Erzählungen zum Ausdruck?

Was zum Erzählen dazugehört

Wo hat das Erzählen seinen Ort im Kindergarten?

Welche Rituale unterstützen das Erzählen (z. B. Erzählkerze, Kreis)?

Werden nach oder neben dem Erzählen auch andere Vermittlungsformen eingesetzt (Geräusche, Klänge, Bewegungen, Handpuppen, Bilder, Rollenspiel, perspektivische Erzählung)?

Gespräche mit Kindern

Werden die Mädchen und Jungen als Gesprächspartner/innen ernst genommen, fühlen und pflegen Sie das Zuhören?

Welche Sensibilität haben Sie entwickelt, die vielfältigen und unterschiedlichen Möglichkeiten der Sprache der Kinder und ihres Ausdrucks zu verstehen?

Religiöse Inhalte in Gesprächen

Wie kommen die eigenen Vorstellungen der Jungen und Mädchen von Leben, Welt und Gott zur Sprache?

Was nehmen Sie von dem wahr, was die Mädchen und Jungen an Religion (Religiosität bzw. religiösen Erfahrungen) in den Kindergarten mitbringen und wie kommen Sie darüber mit ihnen ins Gespräch?

Lassen Sie sich auch in Gespräche hineinziehen, bei denen Sie auf gestellte Fragen der Kinder keine Antwort wissen?

3. Bezug zu den Grundmerkmalen

Bedenken Sie bitte die Grundmerkmale (siehe Seite 45) im Blick auf diese Dimension und Ihre Praxis:

- Grundvertrauen
- Selbständigkeit
- Verantwortungsbewusstsein
- Mit Grenzen leben - Schuld und Vergebung
- Neugier
- Sinn für Geheimnisvolles
- Phantasie und Kreativität
- Hoffnung

Welche Grundmerkmale sind in dieser Dimension aufgehoben und wie kommt das in der Praxis zum Ausdruck?

Welches Grundmerkmal hat in Ihrer Praxis im Blick auf diese Dimension ein besonderes Gewicht?

Welches Grundmerkmal möchten Sie im Blick auf diese Dimension außerdem berücksichtigen oder stärker einbeziehen?

4. Konsequenzen

Formulieren Sie Ihr Qualitätsmerkmal (oder Qualitätsmerkmale) im Blick auf diese Dimension.

   Was sehen Sie neu oder anders?
   Worin sind Sie bestärkt?
   Was wollen Sie weiterentwickeln?
   Wie sieht der nächste Schritt aus?

5. Indikatoren/Beispiele

- Das Erzählen nimmt im Kindergarten einen breiten Raum ein.
- Erzieherinnen und Erzieher begegnen Kindern, die sich mitteilen, mit aktivem Zuhören.
- Jungen und Mädchen werden in allen Interessengebieten unterstützt, sie werden zu eigenen Erzählungen angeregt und ermuntert, Fragen zu stellen und Kritik zu äußern.
- Nonverbale Kommunikationsformen werden wahrgenommen und gepflegt.
- Im Kindergarten gibt es eine gut sortierte Bibliothek, die Kindern zugänglich ist. Es sind vorhanden: Kinderbibeln, Märchenbücher aus vielen Kulturkreisen, Bilderbücher aus allen Ländern, aus denen die Kinder kommen, Erzählgut aus den religiösen Kulturkreisen der Mädchen und Jungen, Geschichten in allen Sprachen, die im Kindergarten vertreten sind.
- Der Kindergarten ist Mitglied in der Stadtteilbibliothek und die Kinder leihen sich dort Bücher aus.
- Es gibt zu biblischen Erzählrunden Rituale, die dem Ereignis sein besonderes Gewicht geben (Erzählkerze, Handpuppe als Beobachter usw.).
- Erzieherinnen bemühen sich, immer mal wieder Vorlese- und Erzählrunden mit Eltern aus anderen Kulturkreisen zu organisieren.

Stille, Meditation, Gebet

1. Zugänge

Haben Sie für sich Zeiten im Alltag, in denen Sie selbst zur Ruhe kommen und aufatmen können?

Welche Orte bieten Ihnen Gelegenheit zu Stille, Meditation und Gebet?

Wo und wie können Sie Ihre „Seele baumeln" lassen?

Welche Stille-Situationen, Meditationsformen, meditativen Texte und Gebete schätzen Sie?

2. Die Kinder und der Kindergarten

Zeiten und Räume

Können die Kinder sich nach eigenen Bedürfnissen zurückziehen?

Gibt es Räume oder Zonen, die zum Innehalten und zur Stille anregen?

Gibt es einen Raum der Stille?

Gibt es eine Kirche in der Nähe? Bietet diese Kirche den Jungen und Mädchen die Möglichkeit, miteinander zu sprechen, nachzudenken, zur Ruhe zu kommen, zu sich selbst zu kommen und zu träumen?

Stille gestalten

Wie nehmen Sie wahr, welche Formen von Stille/Meditation/Gebet die Mädchen und Jungen selbst entdecken oder entwickeln?

Gibt es in Ihrem Kindergarten Zeit und Raum für meditative Musik?

Welche Elemente der Stille gehören zum Ablauf des Kindergartenalltags und wie sind sie gestaltet?

Welche Formen von Stille/Meditation/Gebet haben sich bewährt und werden von den Kindern gerne angenommen?

Welche Beteiligungsmöglichkeiten werden den Mädchen und Jungen an der Gestaltung von Stille/Meditation/Gebet angeboten?

Wie werden Jungen und Mädchen zu eigenen spirituellen Lebensäußerungen ermutigt?

Welche Lieder, Geschichten, Texte, Rituale geben der Stille, der Meditation, dem Gebet einen Rahmen und eine Struktur?

Gibt es im Kindergarten einen Platz für Symbole der Spiritualität (Steine, eine schöne Blume, ein Bild, usw.)?

Welche Frömmigkeitsformen beobachten Sie bei den Kindern verschiedener Kulturen und Religionen und wie gelingt es Ihnen, achtsam damit umzugehen?

Welche Rituale begleiten den Mittagsschlaf und andere Ruhephasen der Mädchen und Jungen?

3. Bezug zu den Grundmerkmalen

Bedenken Sie bitte die Grundmerkmale (siehe Seite 45) im Blick auf diese Dimension und Ihre Praxis:

- Grundvertrauen
- Selbständigkeit
- Verantwortungsbewusstsein
- Mit Grenzen leben - Schuld und Vergebung
- Neugier
- Sinn für Geheimnisvolles
- Phantasie und Kreativität
- Hoffnung

Welche Grundmerkmale sind in dieser Dimension aufgehoben und wie kommt das in der Praxis zum Ausdruck?

Welches Grundmerkmal hat in Ihrer Praxis im Blick auf diese Dimension ein besonderes Gewicht?

Welches Grundmerkmal möchten Sie im Blick auf diese Dimension außerdem berücksichtigen oder stärker einbeziehen?

4. Konsequenzen

Formulieren Sie Ihr Qualitätsmerkmal (oder Qualitätsmerkmale) im Blick auf diese Dimension.

Was sehen Sie neu oder anders?
Worin sind Sie bestärkt?
Was wollen Sie weiterentwickeln?
Wie sieht der nächste Schritt aus?

5. Indikatoren/Beispiele

- Erzieherinnen/Erzieher und die Jungen und Mädchen versuchen den Tag im Wechsel von Ruhe und Bewegung zu gestalten.
- Der Umgang mit Musik zum Stille-Werden bzw. Zuhören gehört zum Alltag (Klassik, Meditationsmusik).
- Geräuschkulissen werden vermieden.
- Es gibt gestaltete Rückzugsräume, die zum Träumen und Ruhen einladen (Matratzen, Höhlen, Sessel, „stille Ecke", meditativ gestaltetes Beet im Außengelände usw.).
- Den Kindern sind kleine Gebete bekannt. Sie werden ermuntert, bei freudigen oder traurigen Gelegenheiten selbst Gebete zu formulieren.
- Es gibt immer wieder besondere Zeiten für Meditation mit anregenden Beigaben: eine Kerze, schöne Steine, ein Tisch mit Früchten, Muscheln, ein Blumenstrauß, ein besonderes Licht, ein guter Duft usw.
- Es wird akzeptiert, wenn Mädchen und Jungen sich religiösen Ritualen entziehen.
- Jungen und Mädchen mit anderen religiösen Hintergründen bringen ihre Symbole mit und erzählen darüber in der Gesprächsrunde.
- Es gibt Bilder und Gegenstände aus religiösen Feiern anderer Religionen.

Verzeichnis der Autorinnen und Autoren „Hoffnung Leben":

Jörg Walther

Jörg Walther, Diplom-Sozialarbeiter, systemischer Familienberater und Erzieher, ist seit 2006 Geschäftsführer des Rheinischen Verbandes Evangelischer Tageseinrichtungen für Kinder e.V. Er ist beschäftigt in der Diakonie Rheinland-Westfalen-Lippe e.V., Referat Tageseinrichtungen für Kinder

Im Jahr 2001 war er, wie fast alle anderen Autorinnen und Autoren, an der Erstellung der ersten Auflage „Hoffnung leben" beteiligt

Dr. Norbert Ittmann

Dr. Norbert Ittmann, Pfarrer und Theologie, war von 1993 bis 2001 Vorsitzender des Rheinischen Verbandes Evangelischer Tageseinrichtungen für Kinder e.V. Er war 20 Jahre Schulreferent in der Rheinischen Landeskirche, Studienleiter an der Evangelischen Stadtakademie in Düsseldorf und ist seit 9 Jahren Gemeindepfarrer am Niederrhein. Seine Arbeitsschwerpunkte sind der Dialog mit Juden und Muslimen und die evangelische Profilierung von Tageseinrichtungen für Kinder.

Peter Siebel

Pädagoge und Theologe, Gemeindepfarrer in Duisburg und Wuppertal, Dozent am Predigerseminar der Evangelischen Kirche im Rheinland, bis zur Pensionierung Dozent am Pädagogisch-Theologischen Institut in Bonn-Bad Godesberg.

Johanna Wittmann

Pfarrerin, Supervisorin (DGfP) und Leiterin der Evangelischen Akademie im Saarland mit den Schwerpunkten Theologie, Religiöse Bildung und Interkultureller Dialog.

Prof. Frieder Harz

Pfarrer, von 1989-2009 Professor für Religionspädagogik an der Evangelischen Fachhochschule Nürnberg; Schwerpunkt in der religionspädagogischen Fortbildung von Erzieherinnen und Erziehern mit vielen Veröffentlichungen zu diesem Bereich, auch auf der Homepage www.friederharz.de; seit 2009 im Ruhestand.

Susanne Marie Koschmider

Pfarrerin (Köln) und Referentin in der Weiterbildung nach IBEK für Leitungskräfte in evangelischen Tageseinrichtungen für Kinder (Altenkirchen)

Sylvia Szepanski-Jansen

Pfarrerin, ist seit 2007 Dozentin für Religionspädagogik im Elementarbereich am Pädagogisch-Theologischen Institut der Evangelischen Kirche im Rheinland. Sie ist zuständig für religionspädagogische Fortbildung von pädagogisch Mitarbeitenden in Tageseinrichtungen für Kinder und leitet die Redaktion der Zeitschrift „Betrifft: Evangelischer Kindergarten".

Unser besonderer Dank gilt:

Ulla Gerlach-Keuthmann, Diplom-Sozialpädagogin und langjähriges Vorstandsmitglied des Rheinischen Verbandes e.V.

Inge Pape, Diplom-Sozialpädagogin und Erzieherin, ehemalige Redakteurin TPS

Kirsti Greier, Pfarrerin und Theologin im Comenius- Institut Münster, ehemalige Vorsitzende des Rheinischen Verbandes e.V.

In Erinnerung an:

Gabi Brosda, Geschäftsführerin des Rheinischen Verbandes e.V. von 1994-2006

Quellenverzeichnis „Hoffnung leben 2012"

1. Zürcher Bibel, Zürich 2007
   TVZ Theologischer Verlag Zürich AG
   Badenerstrasse 73, CH-8026 Zürich
   Stellen: Gen1,26-28.26-27; 2, 18; 12,1; Ex 3,13-14; 4,10-12 Jer 23, 23;
   MT 18, 20
   Rechtsvermerk: 2007 Zürcher Bibel / Theologischer Verlag Zürich

2. Bibel in gerechter Sprache, Gütersloh 3. Auflage, 2007
   Gütersloher Verlagshaus Verlagsgruppe Random House GmbH
   Postfach 450, 33311 Gütersloh
   Quelle: by Gütersloher Verlagshaus, Gütersloh, in der Verlags-Gruppe
   Random House GmbH, München

3. Neue Genfer Übersetzung, Genf 3. Auflage, 2010
   Genfer Bibelgesellschaft, CP 151, Chemin de Praz-Roussy 4bis
   CH-1032 Romanel-sur-Lausanne

4. Die Bibel nach der Übersetzung Martin Luthers, Stuttgart 1985
   Deutsche Bibelgesellschaft, Lektorat / Rechte und Lizenzen,
   Balinger Str. 31A, 70567 Stuttgart

5. Henning Luther, Religion und Alltag. Bausteine zu einer praktischen Theologie
   des Subjekts, Stuttgart 1992.

6. Dietrich Zillessen / Uwe Gerber, Und der König stieg herab von seinem Thron,
   1997.

7. Schweitzer, Scheilke
   Kinder brauchen Hoffnug
   Religion im Alltag des Kindergartens
   Münster, Comenius Institut 2006

Eigene Notizen

Eigene Notizen